MANUEL

DE

NUMISMATIQUE

ANCIENNE.

MANUEL

DE

NUMISMATIQUE

ANCIENNE,

PAR M. HENNIN.

ATLAS

CONTENANT UN CHOIX DES PLUS BELLES PIÈCES

DES PEUPLES, VILLES ET ROIS.

PARIS,

ROLLIN ET FEUARDENT, ANTIQUAIRES, RUE VIVIENNE, 12;

ANTONIN CHOSSONNERY, LIBRAIRE, QUAI DES AUGUSTINS, 47.

1869.

TABLE DES PLANCHES.

Pl. I. HISPANIA (page 35) (1).

1.	LUSITANIA.	Ebora.
2.	BAETICA.	Acinipo.
3.	—	Gades.
4.	TARRACONENSIS.	Caesar Augusta (*Auguste*).
5.	—	Emporiae.
6.	—	Rhoda.
7.	—	*Chef espagnol.*

Pl. II. GALLIA (page 52).

1.	G. AQUITANICA.	Santones.
2.	G. NARBONENSIS.	Avenio.
3.	—	Cabellio.
4.	—	Massilia.
5.	—	Massilia.
6.	—	Massilia.
7.	—	Massilia.
8.	—	Nemausus.
9.	—	Nemausus (*Auguste et Agrippa*).

Pl. III. GALLIA.

1.	G. LUGDUNENSIS.	Tolosates.
2.	—	Remi.
3.	—	Epad, *chef arverne.*
4.	—	Vercingetorix, *id.*
5.	—	Durat intros, *chef picton.*
6.	—	Adictura, *rex sociate.*
7.	—	Atectorix, *chef santon.*
8.	—	Ciamilos, *chef senon.*
9.	—	Litan, *chef éduen.*
10.	—	Dubnorix, *id.*

(1) Ce chiffre indique la page où se trouve l'explication générale relative à la contrée.

Pl. IV. GALLIA.

1. G. LUGDUNENSIS. Semissos lexovio, *chef des Lexovii*.
2. — Durnacus, Donnus (*ligue contre Arioviste*).
3. — Carmano, *chef atrébate*.
4. — Vecaran, *chef trévir*.
5. — *Chef picton*.
6. — Aulerc, *chef cénoman*.
7. — *Chef des Baïecasses*.
8. — Cunobelinus, *chef de la Grande-Bretagne*.

Pl. V. ITALIA (page 63).

1. ETRURIA. Populonia.
2. — Populonia.
3. SAMNIUM. Beneventum
4. — *Monnaie samnite*.
5. CAMPANIA. Capua.
6. — Neapolis.
7. — Neapolis.
8. — Nuceria.

Pl. VI. ITALIA.

1. CAMPANIA. Roma, *fabrique campanienne*.
2. — Roma, *fabrique campanienne*.
3. — Roma, *fabrique campanienne*.
4. APULIA. Luceria.
5. CALABRIA. Tarentum.
6. — Tarentum.
7. — Tarentum.
8. — Tarentum.

Pl. VII. ITALIA

1. LUCANIA. Heraclea.
2. — Heraclea.
3. — Metaponte.
4. — Metaponte.
5. — Metaponte.
6. — Posidonia.
7. — Posidonia.

Pl. VIII. ITALIA.

1. LUCANIA. Sybaris.
2. — Thurium.
3. — Velia.
4. — Velia.
5. BRUTTIUM.
6. —
7. — Caulonia.
8. — Caulonia.

Pl. IX. ITALIA.

1. BRUTTIUM. Croton.
2. — Croton.
3. — Locri.
4. — Locri.
5. — Pandosia.
6. — Pandosia.
7. — Rhegium.
8. — Rhegium.
9. — Rhegium.
10. — Terina.

Pl. X. SICILIA (page 88).

1. — Abacaenum.
2. — Agrigentum.
3. — Agrigentum.
4. — Camarina.
5. — Camarina.
6. — Catana.
7. — Catana.
8. — Gelas.
9. — Gelas.
10. — Eryx.

Pl. XI. SICILIA.

1. — Himera.
2. — Himera.
3. — Himera.

4. BRUTTIUM. Himera.
5. — Leontini.
6. — Zancles.
7. — Messana.
8. — Mamertini.

PL. XII. SICILIA.

1. — Naxus.
2. — Naxus.
3. — Panormus.
4. — Panormus.
5. — Panormus.
6. — Segesta.
7. — Selinus.
8. — Selinus.

PL. XIII. SICILIA.

1. — Selinus.
2. — Syracusae.
3. — Syracusae.
4. — Syracusae.
5. — Syracusae.
6. — Syracusae.
7. — Syracusae.
8. — Syracusae.

PL. XIV. SICILIA.

1. INSULA SICILIAE. Gaulos.
2. — Melita.
3. — Lipara.
4. REGIS SICILIAE. AGATHOCLES, *roi de Syracuse*
5. — HICETAS, *id.*
6. — HIERON I, *id.*
7. — GELO, *id.*
8. — HIERONYMUS, *id.*
9. — PHILISTIS, *reine de Syracuse*.

Pl. XV. REGIONES AD SEPTENTRIONEM GRAECIAE (page 102).

1.	CHERSONESUS TAURICA.	Panticapaeum.
2.	SARMATIA EUROPAEA.	Olbiopolis.
3.	MOESIA INFERIOR.	Istrus.
4.	—	Nicopolis (*Helagabalus*).
5.	THRACIA.	Abdera.
6.	—	Aenus.
7.	—	Byzantium.
8.	—	Byzantium.

Pl. XVI. REGIONES AD SEPTENTRIONEM GRAECIAE.

1.	THRACIA.	Byzantium.
2.	—	Cossea.
3.	—	Hadrianopolis (*Caracalla*).
4.	—	Maronea.
5.	—	Odessus.
6.	—	Amadocus, *roi des Odryses*.
7.	—	Perinthus.

Pl. XVII. REGIONES AD SEPTENTRIONEM GRAECIAE.

1.	CHERSONESUS THRACIAE.	Chersonesus.
2.	—	Chersonesus.
3.	—	Thasus.
4.	—	Thasus.
5.	THRACIA.	Lysimachus, *roi de Thrace*.
6.	—	Lysimachus, *id.*
7.	—	Rhoemitalces, *roi de Thrace (Auguste) et sa femme*.

Pl. XVIII. GRAECIA (page 122).

1.	PAONIA.	Audoléon, *roi de Paonie*.
2.	—	Patraus, *id.*
3.	MACEDONIA.	
4.	—	
5.	—	
6.	—	Acanthus.
7	—	Amphaxus.

Pl. XIX. GRAECIA.

1. MACEDONIA. Amphipolis.
2. — Chalcis.
3. — Heraclea siutica.
4. — Lete.
5. — Lete.
6. — Mende.
7. — Neapolis.
8. — Neapolis.
9. — Orthagoria.

Pl. XX. GRAECIA.

1. MACEDONIA. Terone.
2. — Thessalonica.
3. — Alexander I, *roi*.
4. — Archelaus, *id*.
5. — Amyntas, *id*.
6. — Philippus II, *id*.
7. — Philippus II, *id*.

Pl. XXI. GRAECIA.

1. MACEDONIA. Alexander III, *roi*.
2. — Alexander III (*le Grand*).
3. — Alexander III.
4. — Alexander III.
5. — Alexander III.
6. — Philippus III, *roi*.
7. — Cassander, *id*.

Pl. XXII. GRAECIA.

1. MACEDONIA. Antigonus Asiae, *roi*.
2. — Demetrius I. *id*.
3. — Demetrius I. *id*.
4. — Antigonus Gonatas. *id*.
5. — Philippus V. *id*.
6. — Philippus V. *id*.

Pl. XXIII. GRAECIA.

1. MACEDONIA. Perseus, *roi.*
2. THESSALIA.
3. —
4. —
5. — Aenianes.
6. — Larissa.
7. — Phalanna.
8. — Pherae.

Pl. XXIV. GRAECIA.

1. ILLYRICUM. Apollonia.
2. — Dyrrachium.
3. — Dyrrachium.
4. — Mommius, *roi de Dyrrachium.*
5. EPIRUS.
6. — Cassope.
7. — Alexander Neoptoleme, *roi d'Epire.*
8. — Pyrrhus, *id.*

Pl. XXV. GRAECIA.

1. EPIRUS. Alexander II (roi).
2. CORCYRA.
3. —
4. ACARNANIA.
5. AETOLIA.
6. —
7. LOCRIS. Locri Opuntii.

Pl. XXVI. GRAECIA.

1. PHOCIS. Phoci.
2. — Delphi.
3. BOEOTIA. Boeotia.
4. — Boeotia.
5. — Orchomenus.
6. — Plataaea.
7. — Tanagra.
8. — Thebae.
9. — Thebae.

Pl. XXVII. GRAECIA.

1. ATTICA.	Athenae.
2. —	Athenae.
3. —	Athenae.
4. —	Athenae.
5. —	Athenae.
6. —	Athenae.
7. —	Athenae.
8. INSULAE.	Aegina.
9. —	Aegina.

Pl. XXVIII. GRAECIA.

1. ACHAIA.	
2. —	Corinthus.
3. —	Corinthus.
4. —	Corinthus.
5. —	Corinthus.
6. —	Corinthus.
7. —	Corinthus.
8. —	Sicyon.

Pl. XXIX. ASIA MINOR.

1. ELIS.	
2. ELIS.	
3. —	Cephallenia.
4. —	Pallenses Cephalleniae.
5. —	Same Cephalleniae.
6. —	Zacinthus.
7. MESSENIA.	
8. LACONIA.	Lacedaemon.
9. —	Lacedaemon.

Pl. XXX. ASIA MINOR.

1. ARGOLIS.	Argos.
2. —	Argos.
3. —	Argos.
4. —	Troezen.
5. ARCADIA.	
6. —	

7. ARCADIA. Pheneus.
8. — Stymphalus.
9. CRETA. *Caligula.*

Pl. XXXI. GRAECIA.

1. CRETA. Cnossus.
2. — Cnossus.
3. — Cydonia.
4. — Cydonia.
5. — Gortyna.
6. — Hierapythna.
7. — Itanus.

Pl. XXXII. GRAECIA.

1. CRETA. Lyttus.
2. — Phoestus.
3. — Priansus.
4. — Rhaucus.
5. EUBOEA.
6. — Carystus.
7. — Chalcis.
8. — Eretria.

Pl. XXXIII. GRAECIA.

1. INSULA EUROPAEA. Carthaea.
2. — Coresia.
3. — Delus.
4. — Melos.
5. — Naxus.
6. — Paros.
7. — Siphnus.
8. — Syrus.
9. — Tenus.

Pl. XXXIV. ASIA MINOR (page 175).

1. BOSPHORUS CIMMERIUS. Gorgyppa.
2. — Phanagoria.

3. PONTUS. — Amasia.
4. — Amasia (*Sévère-Alexandre*).
5. — Amisus.
6. — Amisus.
7. — Gaziura.
8. — Trapezus.
9. — PERIZADES II, *roi de Pont.*

PL. XXXV. ASIA MINOR.

1. PONTUS. — MITHRIDATES V, *roi de Pont.*
2. — PHARNASES, *id.*
3. — PYTHODORIS, *reine de Pont.*
4. — POLEMO II, *roi.*
5. BOSPORUS. — RESCUPORIS I, *roi du Bosphore.*
6. — SAUROMATES I, *id.*
7. — COTYS I, *id.*
8. — RHOEMETALCES, *id.*
9.

PL. XXXVI. ASIA MINOR.

1. PAPHLAGONIA. — Abonitichos.
2. — Amastris.
3. — Amastris.
4. — Amastris, *Julia Domna.*
5. — Germanicopolis, *Julia Domna.*
6. — Sinope.
7. — Sinope.

PL. XXXVII. ASIA MINOR.

1. BITHYNIA. — (*Hadrien*).
2. — Chalcedon.
3. — Chalcedon.
4. — Hadrianopolis (*Sévère-Alexandre*).
5. — Heraclea.
6. — Heraclea (*Gordien III*).
7. — TIMOTHEUS et DIONYSIUS (*rois d'Heraclea*).

Pl. XXXVIII. ASIA MINOR.

1. BITHYNIA. Nicea (*Antonin*).
2. — Nicomedia (*Antonin et Marc-Aurèle*).
3. — Nicomedes I, *roi de Bithynie*.
4. — Prusias I, *id.*
5. — Nicomedes III.
6. — Oradaltis, *reine*.

Pl. XXXIX. ASIA MINOR.

1. MYSIA. Antandrus.
2. — Apollonia (*Marc-Aurèle*).
3. — Atarnea.
4. — Cyzicus.
5. — Cyzicus.
6. — Cyzicus.
7. — Cyzicus.
8. — Cyzicus.
9. — Cyzicus.

Pl. XL. ASIA MINOR.

1. MYSIA. Germe.
2. — Lampsacus.
3. — Parium.
4. — Parium.
5. — Pergamus.
6. — Philetairus, *roi de Pergame*.
7. — Philetairus, *id.*

Pl. XLI. ASIA MINOR.

1. MYSIA. Pitane.
2. — Proconnesus (*île*).
3. TROAS. Abydus.
4. — Abydus (*Caracalla*).
5. — Alexandria (*Commode*).
6. — Alexandria (*Crispine*).
7. — Dardanus (*Geta*).

Pl. XLII. ASIA MINOR.

1. TROAS.	Ilium.
2. —	Tenedos.
3. AEOLIS.	Cyme.
4. —	Cyme
5. —	
6. —	Lesbus.
7. —	Mytilene.
8. —	Lesbus.

Pl. XLIII. ASIA MINOR.

1. AEOLIS.	Lesbus (*Commode*).
2. —	Methymna.
3. —	Mytilene.
4. —	Mytilene.
5. —	Mytilene.
6. IONIA.	Clazomene.
7. —	Colophon.
8. —	Ephesus.
9. —	Ephesus.
10. —	Ephesus.

Pl. XLIV. ASIA MINOR.

1. IONIA.	Ephesus.
2. —	Erythrae.
3. —	Magnesia.
4. —	Magnesia.
5. —	Miletus.
6. —	Phocea.
7. —	Phocea (*Julia Domna*).
8. —	Priene.

Pl. XLV. ASIA MINOR.

1. IONIA.	Smyrna.
2. —	Smyrna.
3. —	Smyrna (*Commode*).
4. —	Teos.

5.	IONIA (îles).	Chios.
6.	—	Chios.
7.	—	Samos.
8.	—	Samos (*Trajan Dèce*).
9.	CARIA.	Antiochia.

Pl. XLVI. ASIA MINOR.

1.	CARIA.	Aphrodisias.
2.	—	Cnidus.
3.	—	Halicarnassus (*S. Sévère*).
4.	—	Iasus.
5.	—	Mylasa (*Geta*).
6.	—	Myndus.
7.	—	Nysa.
8.	—	Stratonicea (*Antonin*).

Pl. XLVII. ASIA MINOR.

1.	CARIAE reges.	Maussolus.
2.	—	Pixodarus.
3.	CARIAE insulae.	Calymna.
4.	—	Cos.
5.	—	Cos.
6.	—	Rhodus.
7.	—	Rhodus.
8.	—	Camirus.
9.	LYCIA.	
10.	—	Massicytes.
11.	—	Massicytes.

Pl. XLVIII. ASIA MINOR.

1.	LYCIA.	Patara (*Gordien III*).
2.	—	Phaselis.
3.	PAMPHILIA.	Aspendus.
4.	PISIDIA.	Selge.
5.	PAMPHILIA.	Perga.
6.	—	Perga (*Néron*).
7.	—	Side.
8.	—	Side.

Pl. XLIX. ASIA MINOR.

1. PISIDIA. Antiochia (*Antonin*).
2. — Cremna (*Geta*).
3. — Olbasa (*Julia Domna*).
4. — Sagalassus.
5. — Selge.
6. ISAURIA. Isaurus (*Julia Domna*).
7. LYCAONIA. Iconium.
8. CILICIA. Aegae (*Macrin et Diadumenianus*).

Pl. L. ASIA MINOR.

1. CILICIA. Anazarbus (*Valérien père*).
2. — Celenderis.
3. — Colybrassus (*Marc-Aurèle*).
4. — Diocaesarea (*Philippe père*).
5. — Mallus.
6. — Mopsus (*Geta*).
7. — Nagidus.
8. — Polemon, *roi d'Olba*.

Pl. LI. ASIA MINOR.

1. CILICIA. Seleucia (*Sévère-Alexandre*).
2. — Solus.
3. — Pompeiopolis.
4. —
5. — Tarsus.
6. — Cyprus (*Sévère*).
7. — Evagoras, *roi de Chypre*.
8. — Inconnu, *id*.
9. — Evagoras I, *id*.

Pl. LII. ASIA MINOR.

1. LYDIA. Attalia.
2. — Blaundos.
3. — Daldis (*Gordien III*).
4. — Gordus (*Gallien*).
5. — Hypaepa.
6. — Maeonia.

Pl. LIII. ASIA MINOR.

1. LYDIA. Magnesia.
2. — Mostene.
3. — Philadelphia.
4. — Sardes.
5. — Sardes (*Maxime*).
6. — Silandus.
7. — Temenothyrae.
8. — Thyatira.
9. — Tralles.

Pl. LIV. ASIA MINOR.

1. PHRYGIA. Acmonia (*S. Sévère*).
2. — Aezanis.
3. — Amorium.
4. — Apamea.
5. — Cadi (*Agrippine jeune*).
6. — Cibyra.
7. — Docimeum (*Tranquillina*).
8. — Eumenia (*Verus*).

Pl. LV. ASIA MINOR.

1. PHRYGIA. Hierapolis.
2. — Laodicea (*Cistophore*).
3. — Metropolis (*Gordien III*).
4. — Midaeum (*Gordien III*).
5. — Prymnessus.
6. GALATIA. Ancyra (*Domitien*).

Pl. LVI. ASIA MINOR.

1. PHRYGIA. Trajanopolis.
2. GALATIA. (*Trajan*).
3. — Ancyra.
4. — Pessinus.
5. — Trocmi.
6. — Brogitarus, *rex*.
7. — Driagitarus, *id*.
8. — Amyntas, *id*.
9. CAPPADOCIA. Caesarea (*Néron*).

Pl. LVII. ASIA MINOR.

1.	CAPPADOCIA.	Caesarea (*Commode*).
2.	—	Tyana (*Trajan*).
3.	CAPPADOCIAE reges.	Ariarathes IV.
4.	—	Ariarathes V.
5.	—	Ariobarzanes I.
6.	—	Ariarathes X.
7.	—	Archelaus.
8.	ARMENIAE rex.	Xerses.

Pl. LVIII.

1.	SYRIAE reges.	Seleucus I.
2.	—	Seleucus I.
3.	—	Antiochus II.
4.	—	Seleucus II.
5.	—	Antiochus I.
6.	—	Seleucus III.

Pl. LIX.

1.	SYRIAE reges.	Antiochus III.
2.	—	Achaeus.
3.	—	Seleucus IV.
4.	—	Antiochus IV.
5.	—	Antiochus IV.
6.	—	Demetrius.
7.	—	Alexander I.
8.	—	Alexander I.

Pl. LX.

1.	SYRIAE reges.	Demetrius II.
2.	—	Antiochus VII.
3.	—	Tryphon.
4.	—	Antiochus VI.
5.	—	Alexander II.
6.	—	Antiochus VIII et Cléopatre.

Pl. LXI.

1. SYRIAE reges. Antiochus VIII.
2. — Antiochus IX.
3. — Demetrius III.
4. — Tigrane.
5. — Antiochus XI.
6. — Philippus.
7. SYRIA I. Laodicea.

Pl. LXII.

1. COMMAGENE. Iotape *regina*.
2. CYRRHESTICA. Hicropolis.
3. CHALCIDENE. Chalcis.
4. SYRIE. Seleucis.
5. COELESYRIE. Leucas (*Gordien III*).
6. TRACONITES ITURAEA. Caesarea-Panias (*Auguste*).
7. PALMYRENE. Palmyra.

Pl. LXIII.

1. DECAPOLIS. Philadelphia (*Verus*).
2. PHOENICIA. Tripolis.
3. SAMARITIS. Neapolis.
4. GALILAEA. Ptolemais (*Sévère-Alexandre*).
5. JUDAEA. Jaddous, *roi*.
6. DARICI.

Pl. LXIV.

1. ARABIA PETRAEA. (*Hadrian*).
2. ASSYRIA. Niniva (*Maximin*).
3. MESOPOTAMIAE rex Abgarus (*Gordien III*).
4. BABYLONIAE, rex Timarchus.
5. PARTHIAE, rex Arsaces VII.
6. PARTHIAE, rex Phraates et Musa.
7. — Roi Sassanide Vararanez II, III Narses.

Pl. LXV.

1. BACTRIANAE, rex Euthydemus.
2. — — Demetrius.
3. — — Eucratides.
4. — — Heliocles.
5. — — Menander.
6. — — Apollodotus.
7. — — Antialcidès.
8. CHARACENAS, rex Attambilus.

Pl. LXVI.

1. AEGYPTI, rex Ptolemaeus I Soter.
2. — regina Berenice I Soteris uxor.
3. —rex et regina Ptolemaeus Soter et Berenice I.
4. — rex Ptolemaeus II Philadelphus.
5. — reges Soter, Berenice, Philadelphus, Arsinoe.
6. — regina Arsinoe II Philadelphi uxor.
7. — rex Ptolemaeus III Evergetis I.
8. — regina Berenice II Evergetes uxor.

Pl. LXVII.

1. AEGYPTUS, rex Ptolemaeus IV Philopator.
2. — regina Arsinoe IV Philopatoris uxor.
3. — rex Ptolemaeus V Epiphanis.
4. — regina Cleopatra I Epiphanis uxor.
5. — reges Cleopatra I et Epiphanes.
6. — rex Ptolemaeus VI Philometor.
7. — regina Cleopatra II Evergetis uxor.
8. — regina Cleopatra VI.

Pl. LXVIII.

1. CYRENAICA. Cyrene.
2. — Barca.
3. LIBYI.
4. — Ptolemaeus I.
5. CYRENAICA ROMANA. Lollius.
6. — Leptis magna
7. BYZACENE. Thina.
8. — Cercina.

Pl. LXIX.

1. ZEUGITANIA. Carthago.
2. — Utica.
3. — Clodius macer propreteur.
4. NUMIDIA, rex Masinissa.
5. — rex Micipsa.
6. — reges Adherbal et Hiempsal I.
7. — rex Jugurtha.
8. — rex Hiempsal I.
9. — rex Juba I.

Pl. LXX.

1. NUMIDIA, rex Masinissa.
2. MAURITANIA, rex Bocchus I.
3. — rex Bocchus II.
4. — rex Bogud II.
5. — rex Bocchus III.
6. — reges Bocchus III et Juba II.
7. — rex Juba II.
8. — rex Juba II et Cleopatra uxor.
9. — rex Ptolemaeus.

Paris. — Imprimerie de Mme Ve Bouchard-Huzard, rue de l'Eperon, 5. — 1869.

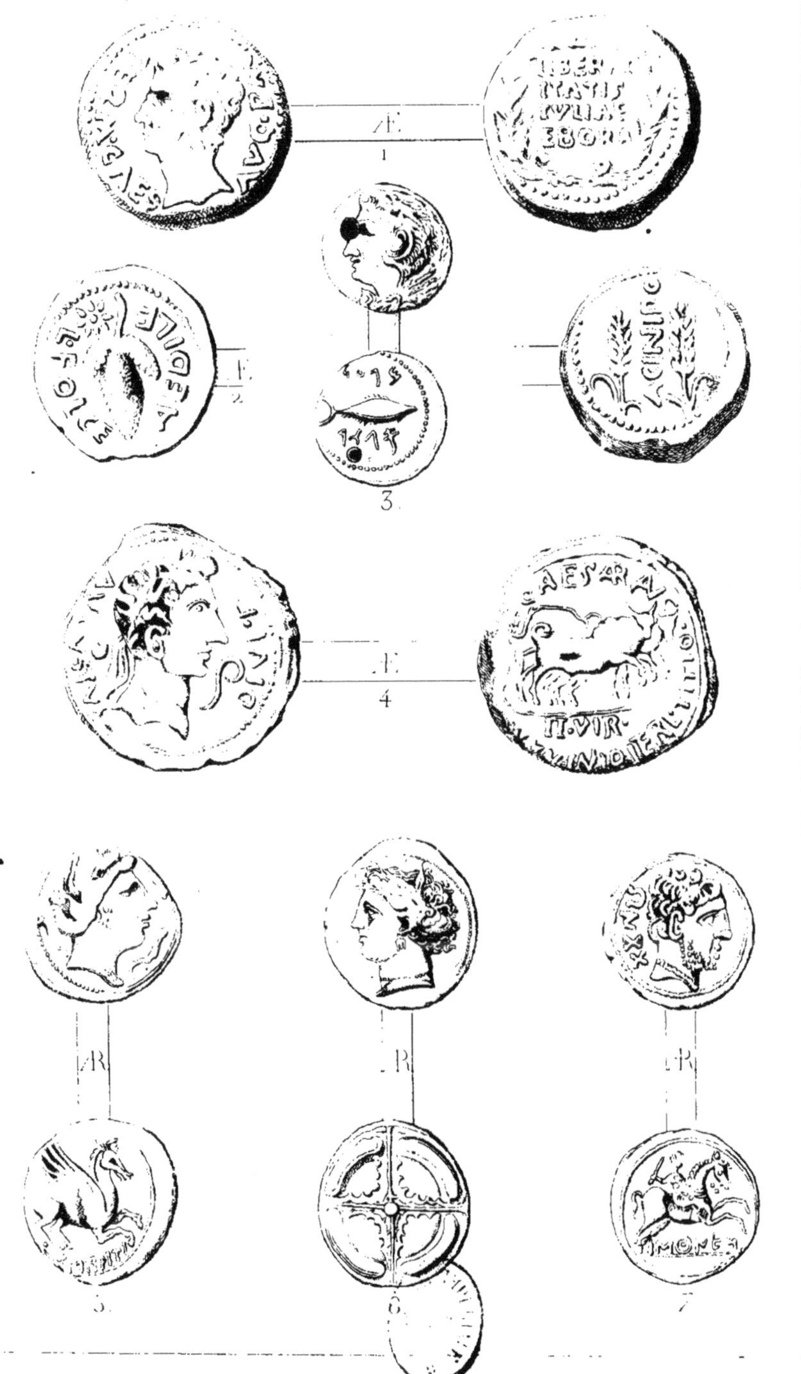

HISPANIA

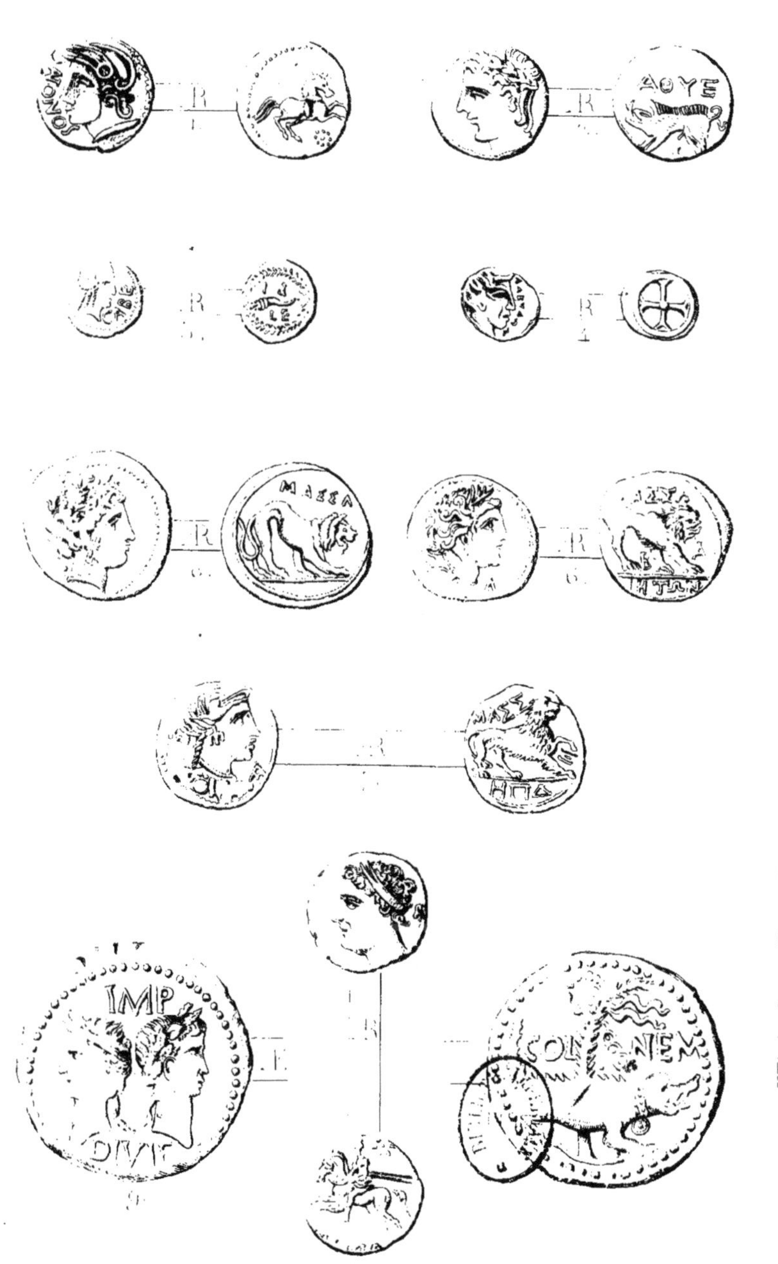

GALLIA

GALLIA

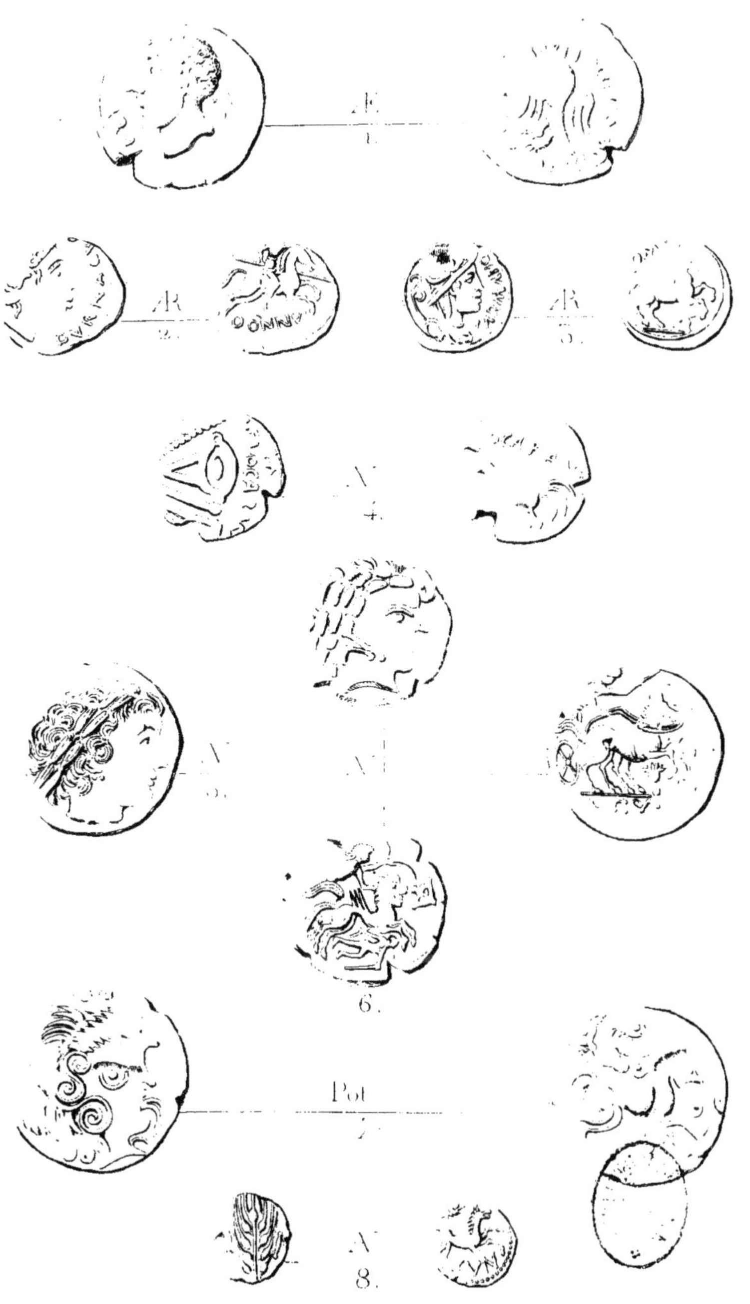

GALLIA

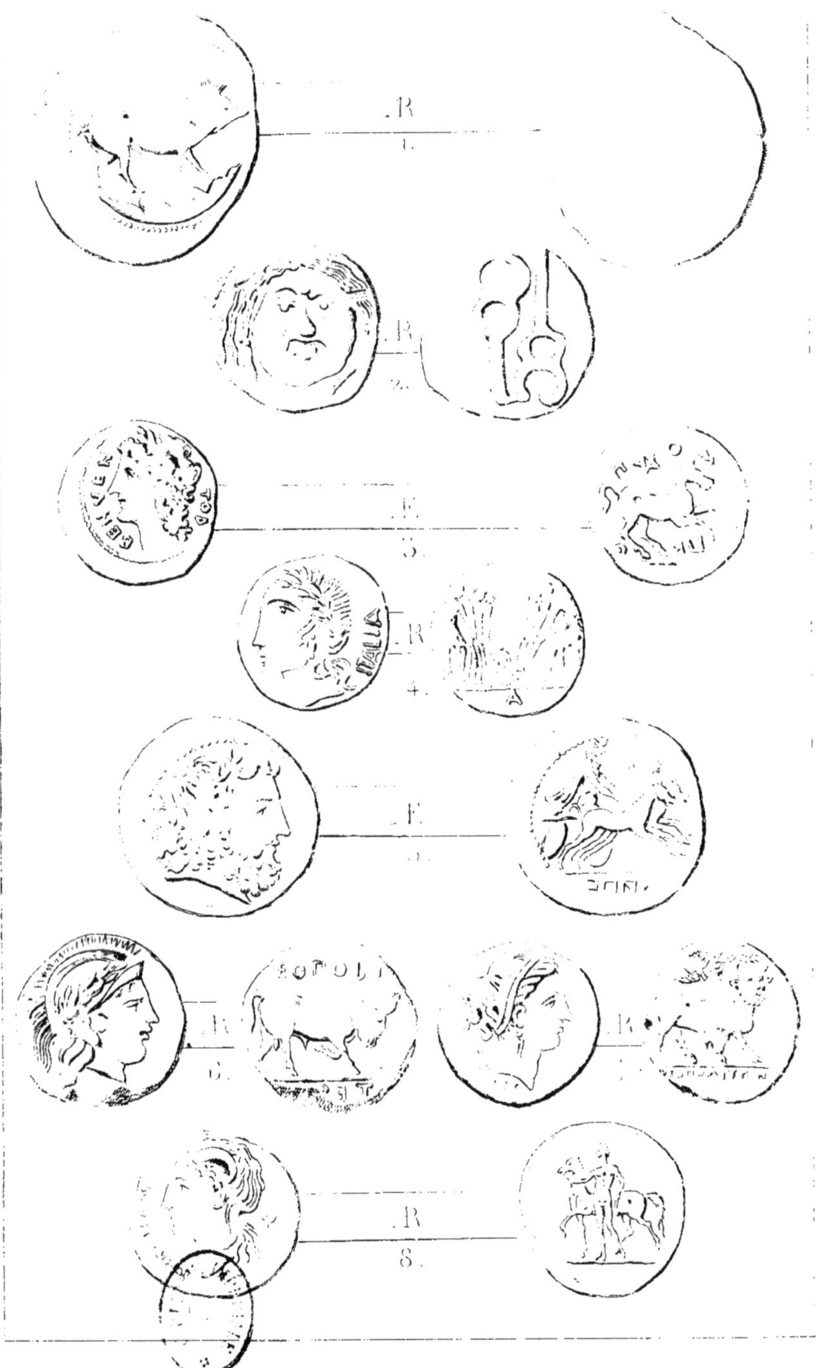

ITALIA

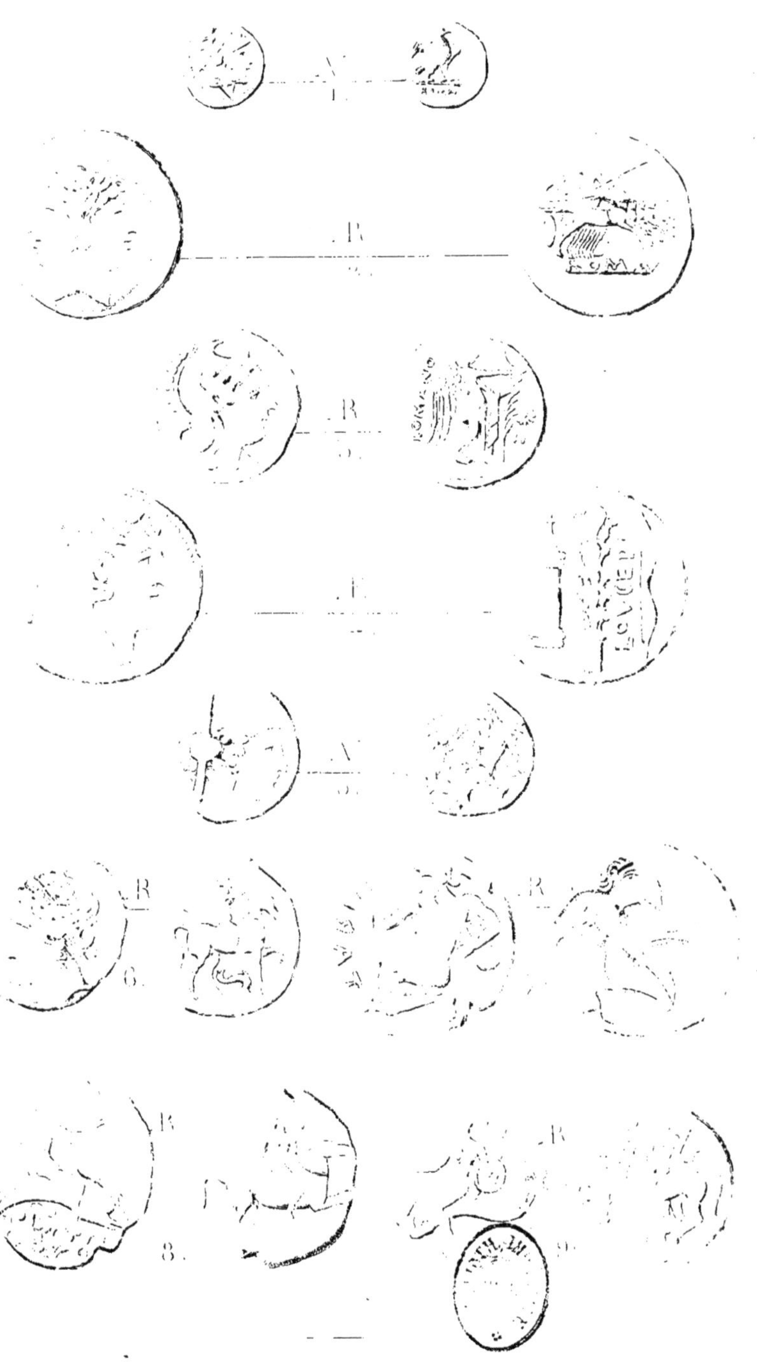

ITALIA

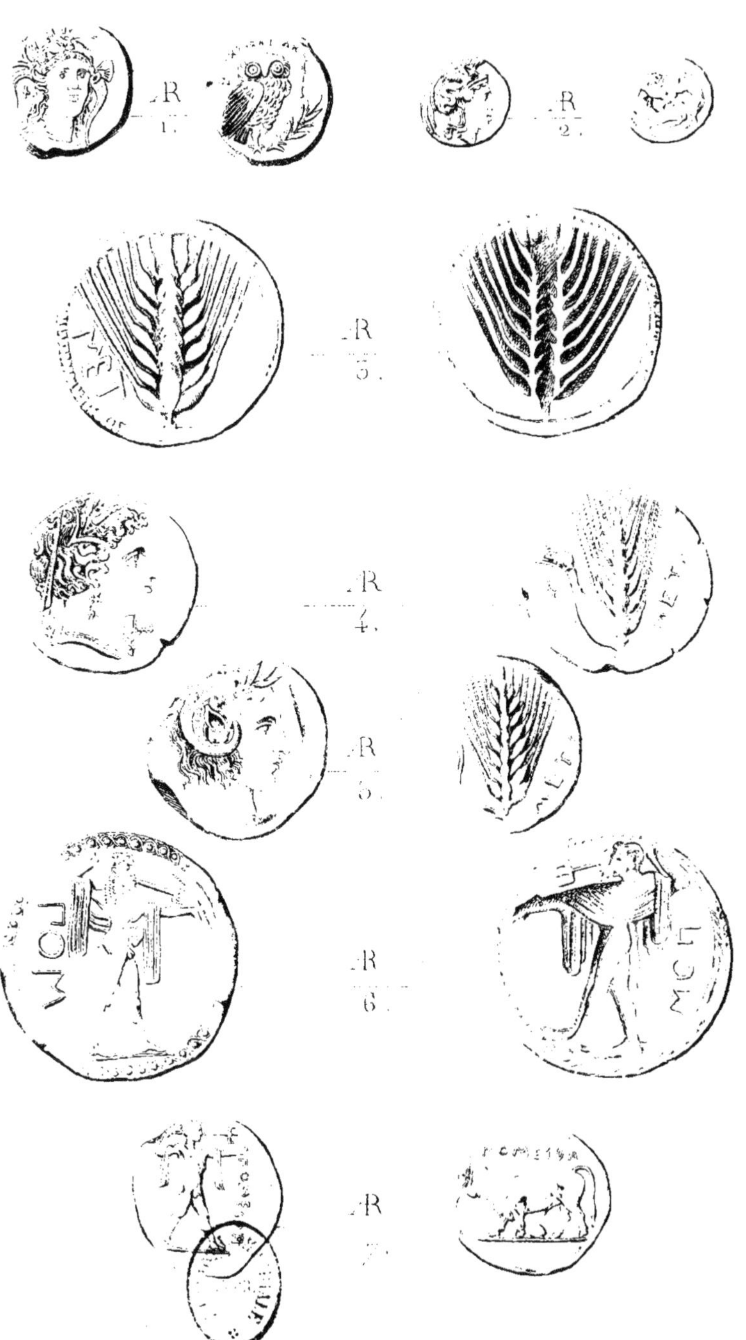

ITALIA

ITALIA

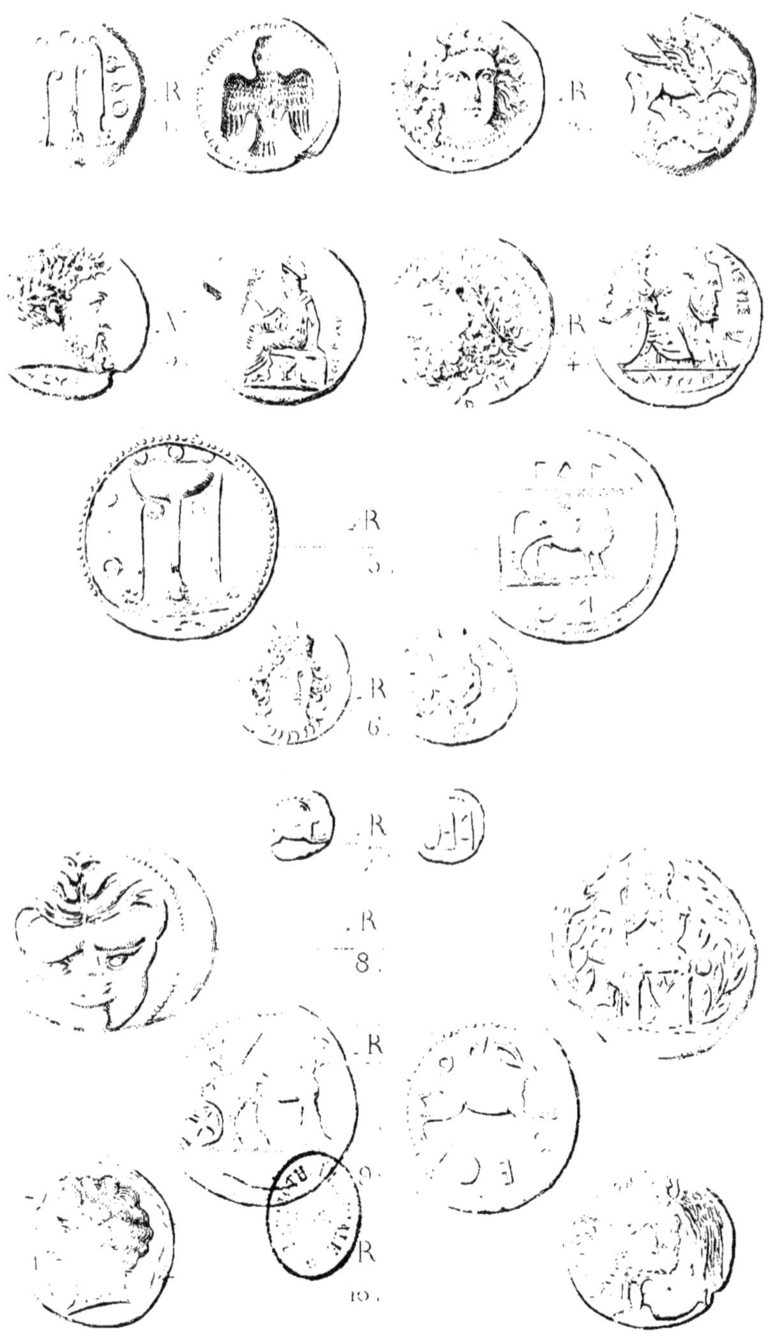

ITALIA

SICILIA

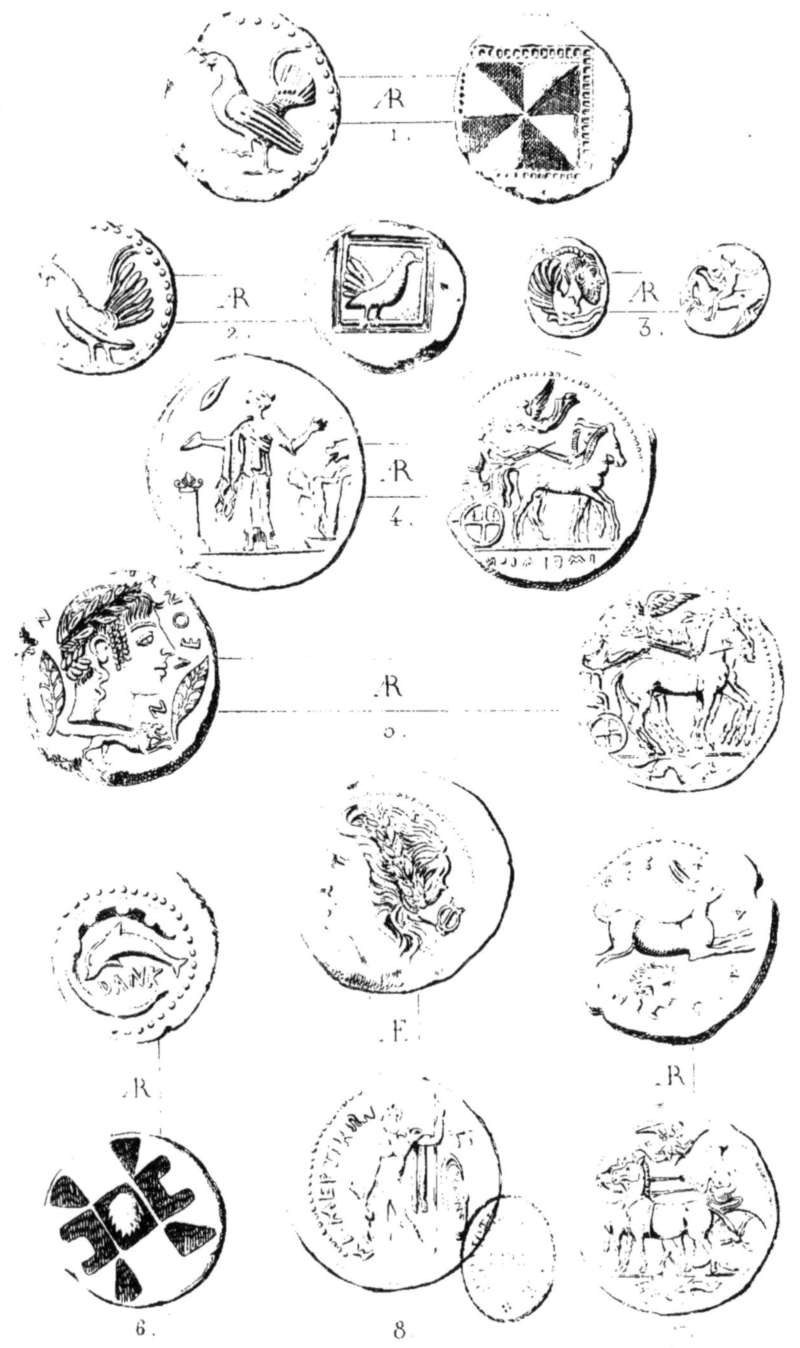

SICILIA

SICILIA

SICILIA

SICILIA

SICILIA

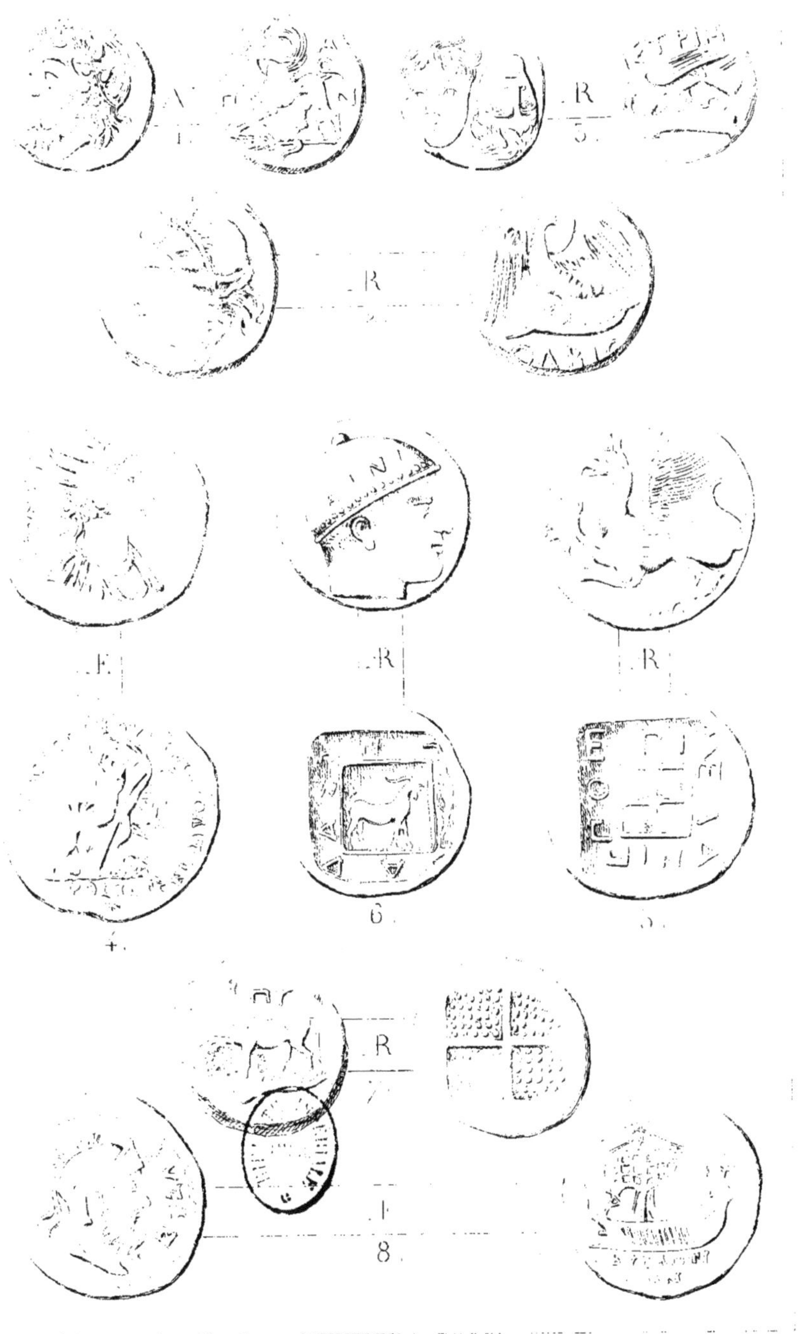

REGIONES

ad Septentrionem Graeciae

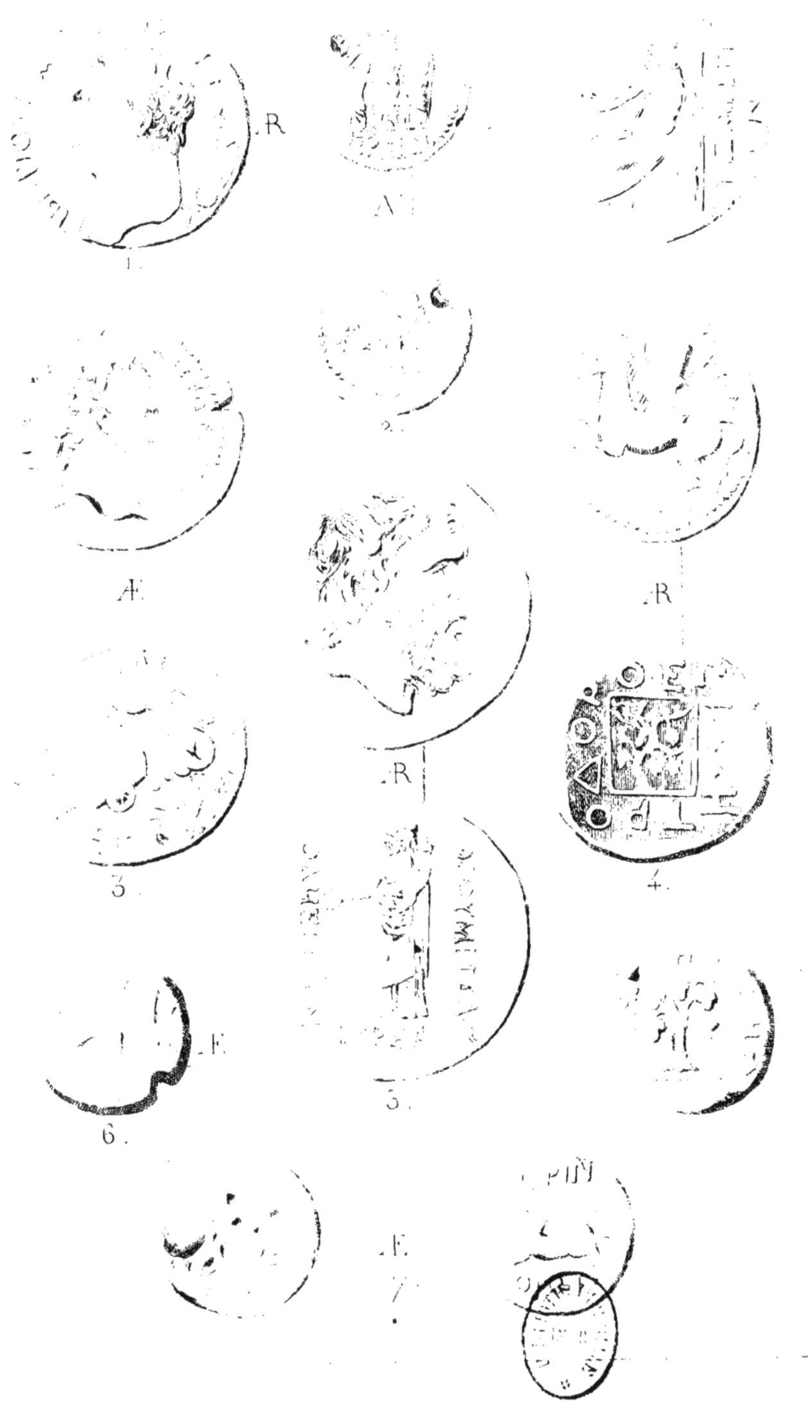

REGIONES

ad Septentrionem Graeciae

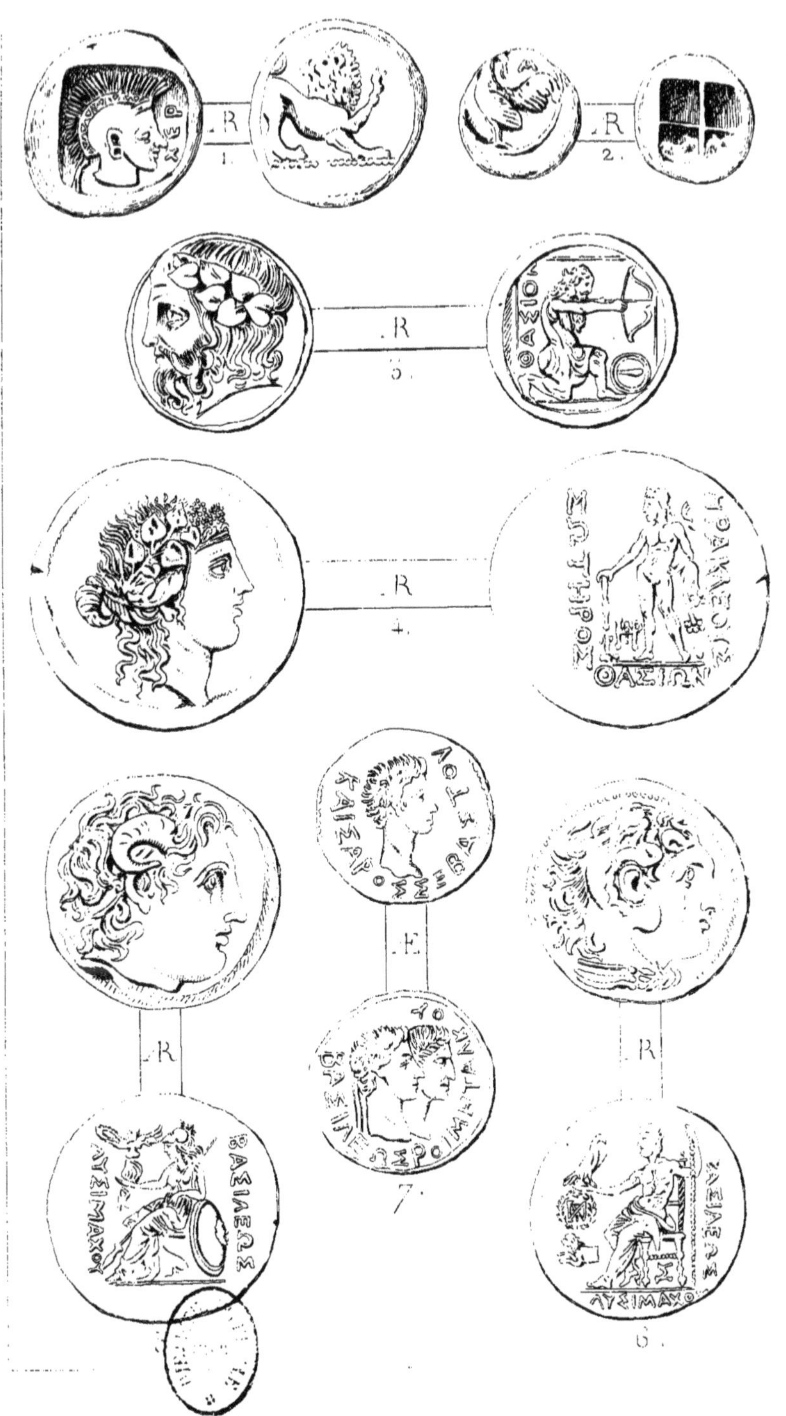

REGIONES

Ad Septentrionem Graeciae

.R
.R
.R
ΠΑΤΡΑΩΥ
ΥΒΛΛΕΩΝ ΤΟΣ
AESILLAS
Q
2.
1.
3.
ΜΑΚΕΔΟΝΩΝ
.R
4.
ΜΑΚΕΔΟΝΩΝ
ΠΡΩΤΗΣ
ΑΛΕ
.R
.Æ
.R
Α Κ Α
Ζ Ζ
Ο Ι Ο
ΜΑΚΕ
ΔΟΝΩΝ
ΜΑΚΕΔΟΝΩΝ
ΑΜΦΑΞΙΩΝ
6.
5.
7.

GRAECIA

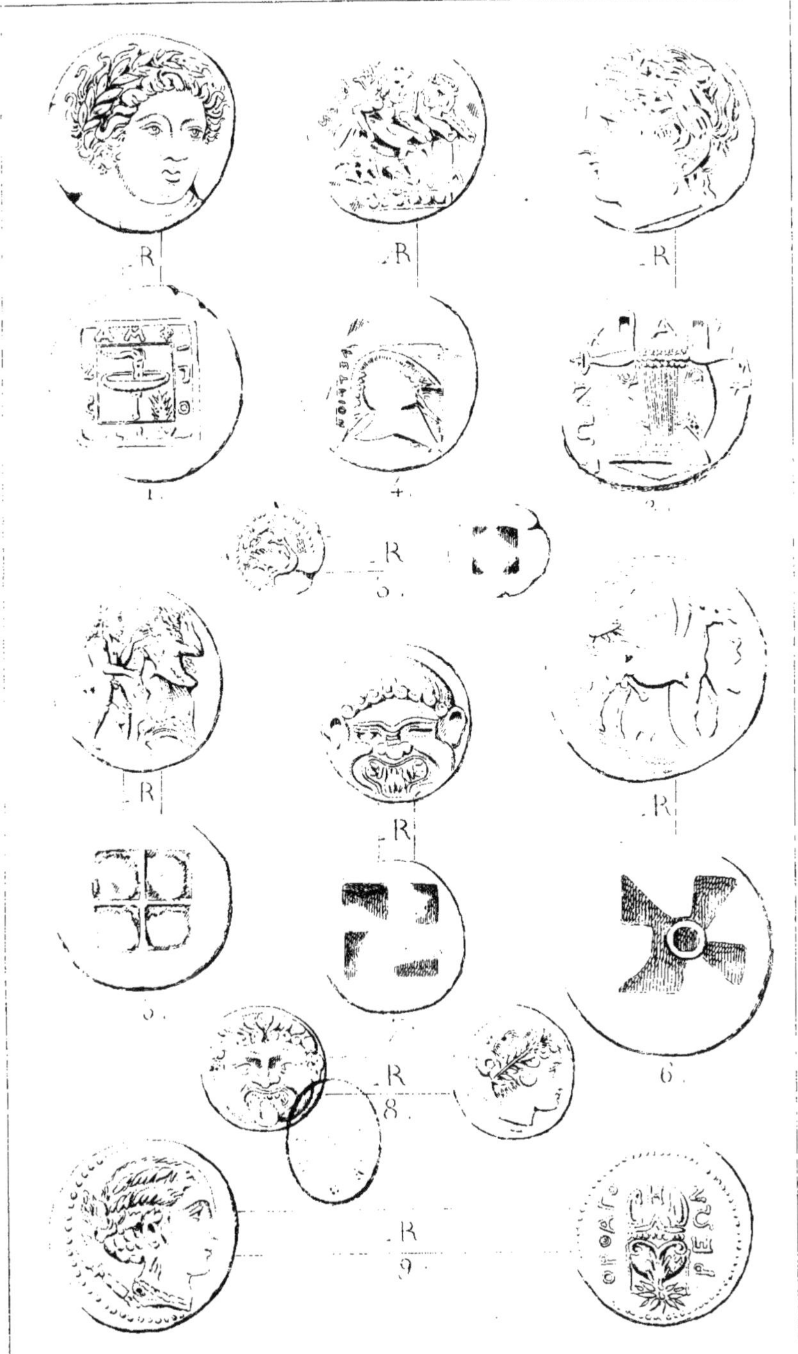

GRAECIA

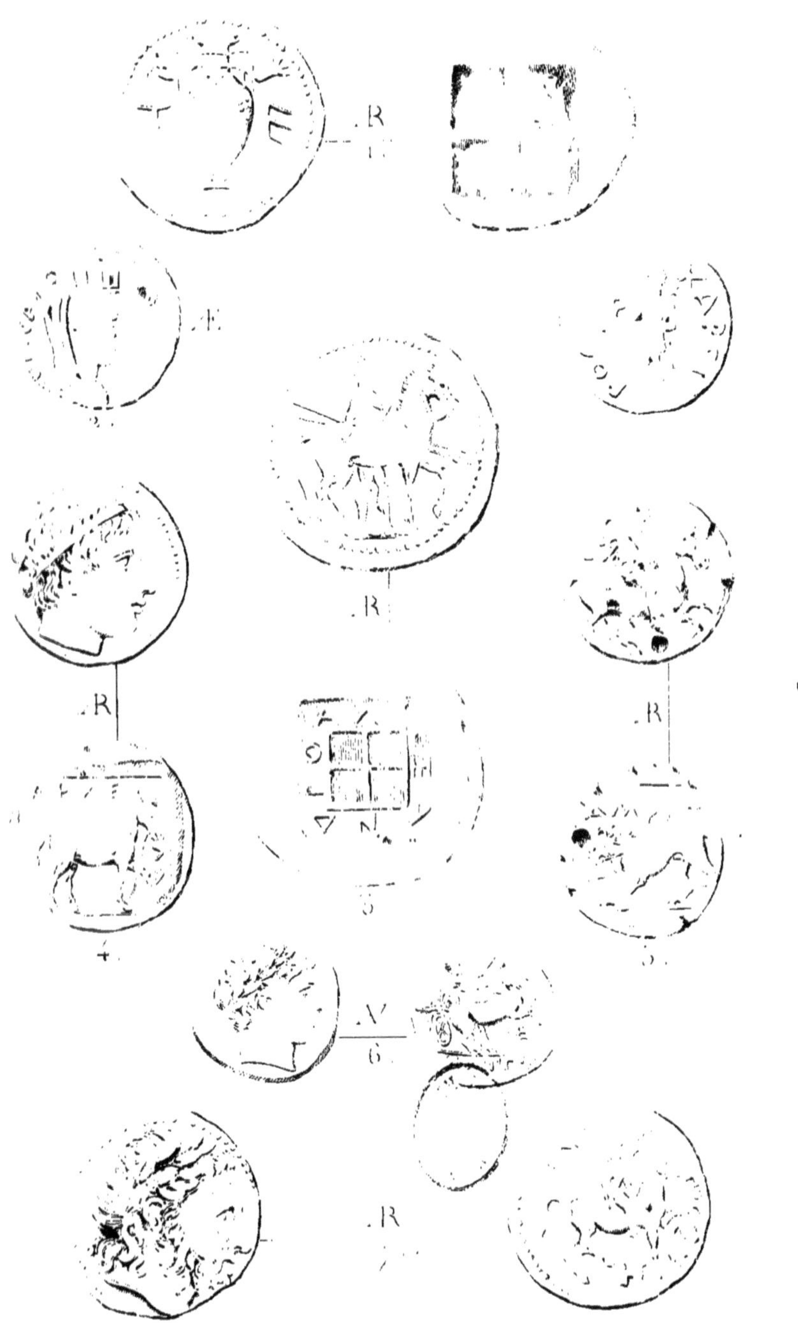

GRAECIA

ΑΛΕΞΑΝΔΡΟΥ
ΚΟΙΝΟΝ ΜΑ
ΚΕΔΟΝΩΝ
Β ΝΕΩΚΟ
ΡΩΝ
ΑΛΕΞΑΝΔΡΟΥ
ΑΛΕΞΑΝΔΡΟΥ
ΑΛΕΞΑΝΔΡΟΥ

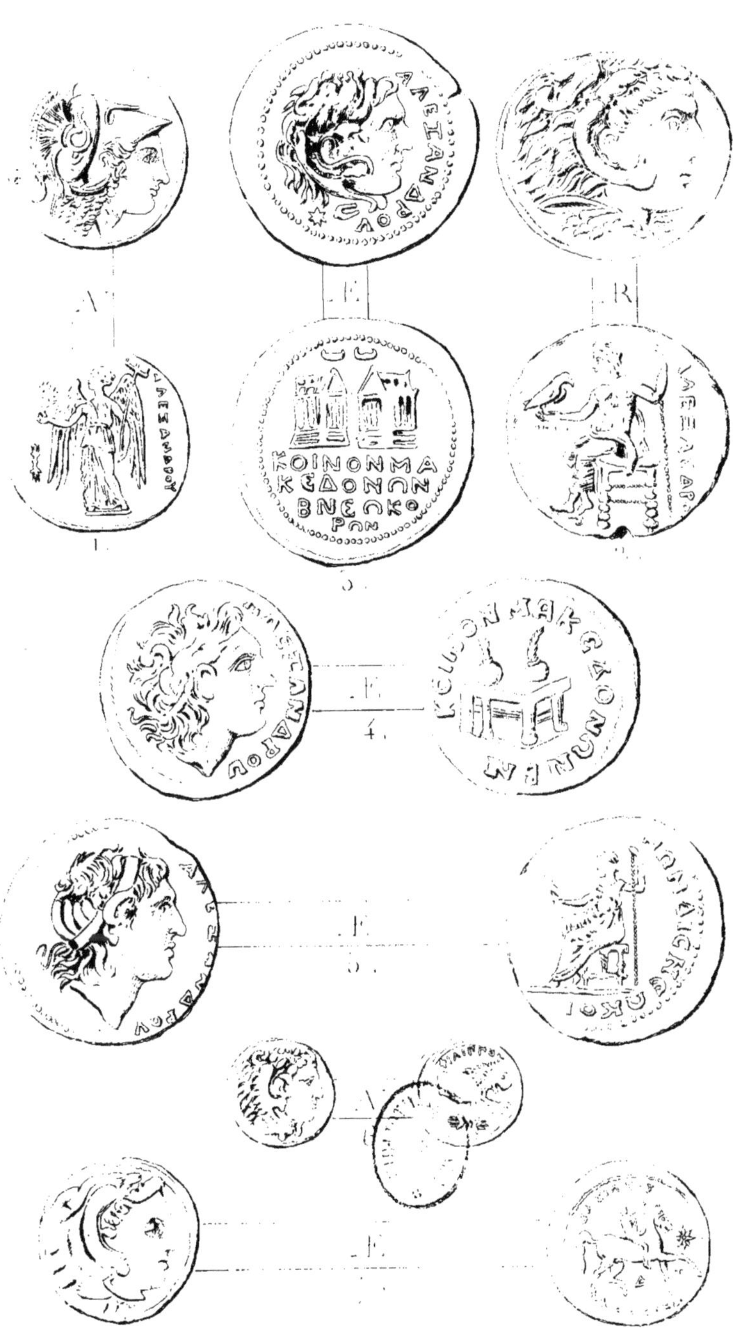

GRAECIA

.R
1
.R
.R
ΔΗΜΗΤΡΙΟΥ
ΒΑΣΙΛΕΩΣ
3
.R
4
ΒΑΣΙΛΕΩΣ
ΑΝΤΙΓΟΝΟΥ
ΒΑΣΙΛΕΩΣ
ΦΙΛΙΠΠΟΥ
.R
5
.R
6

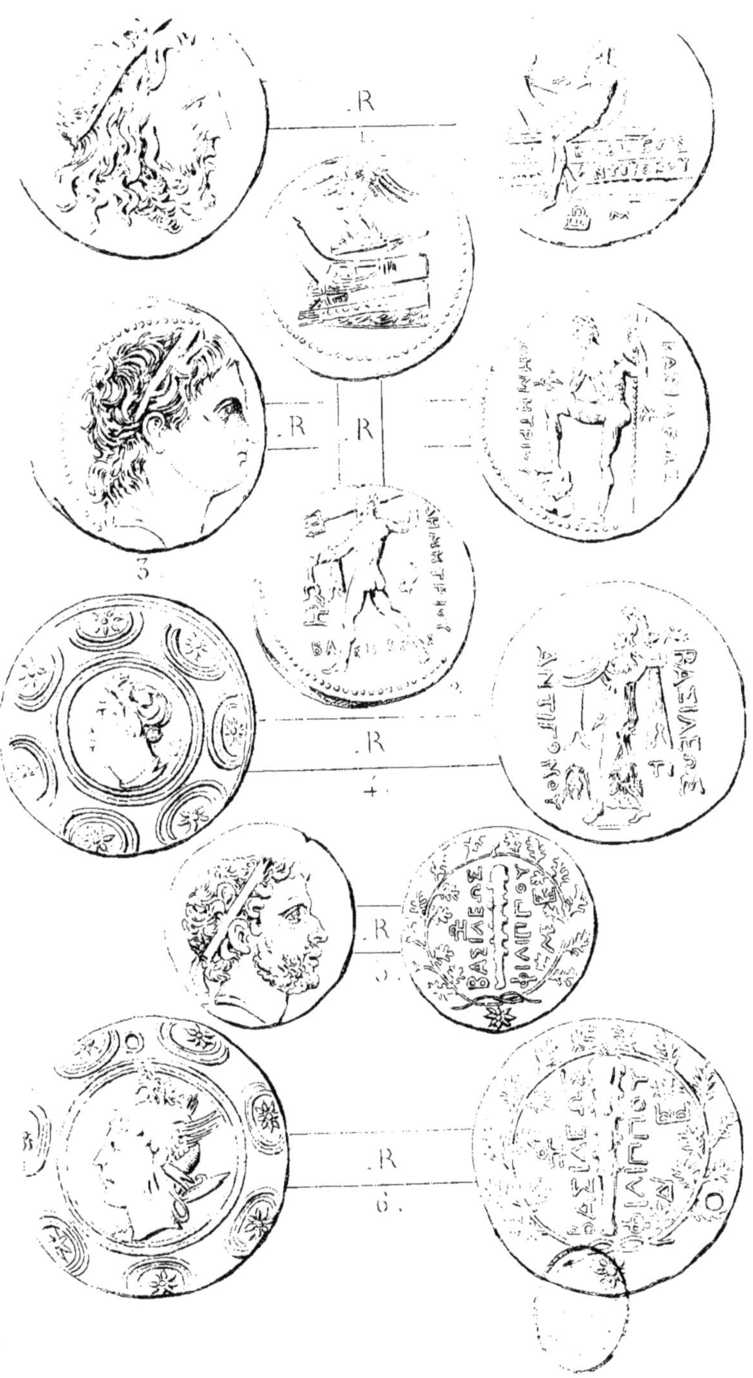

GRAECIA

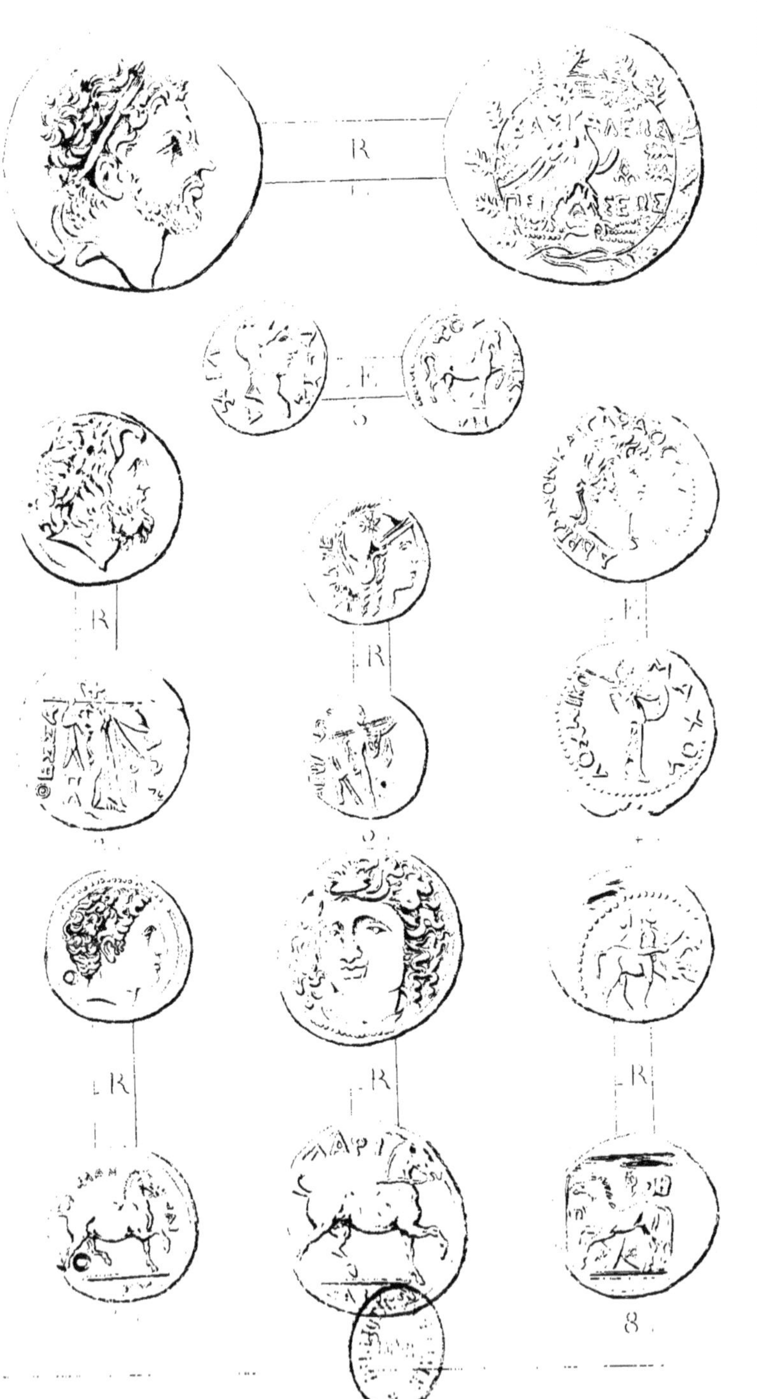

GRAECIA

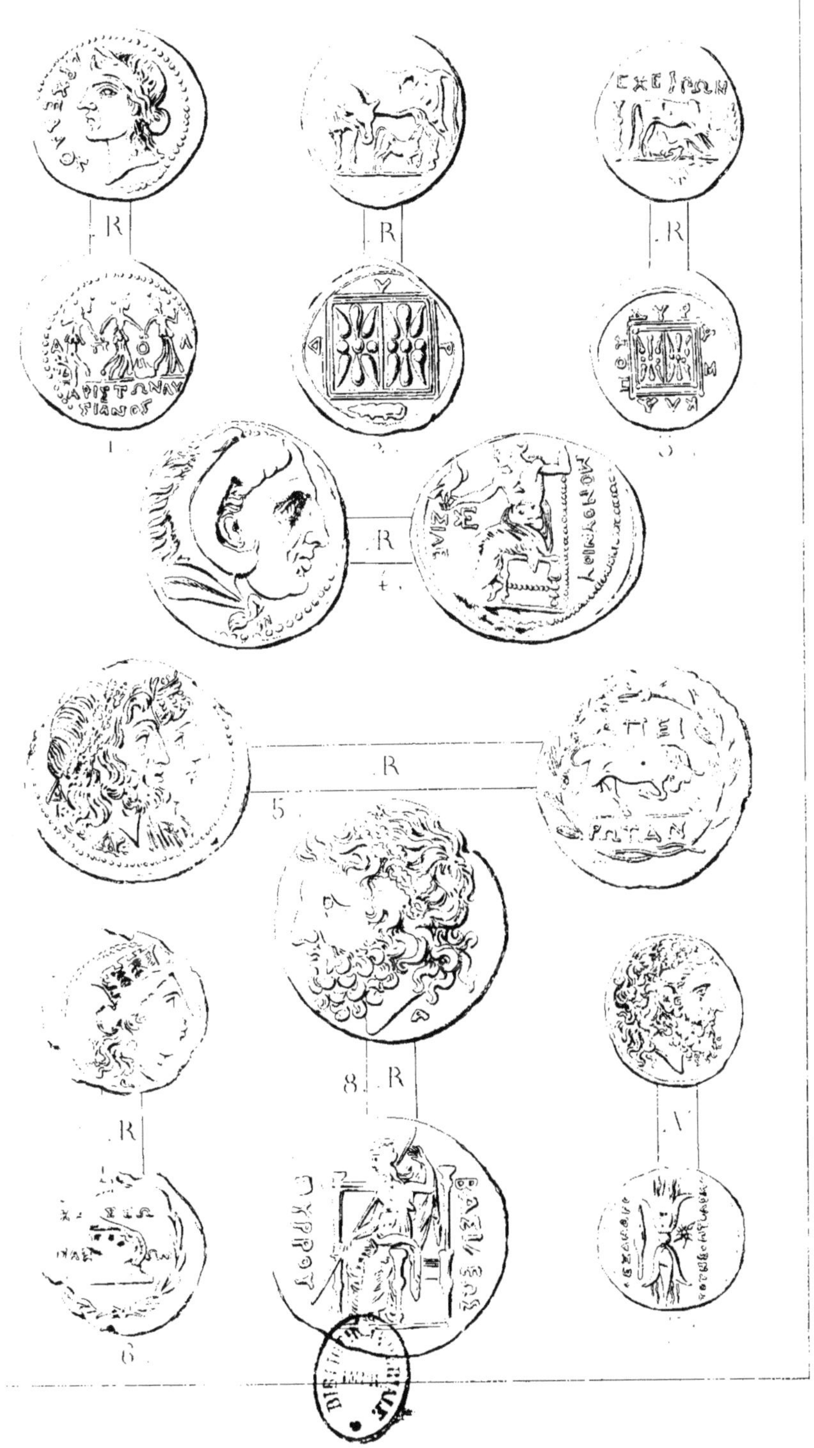

GRAECIA

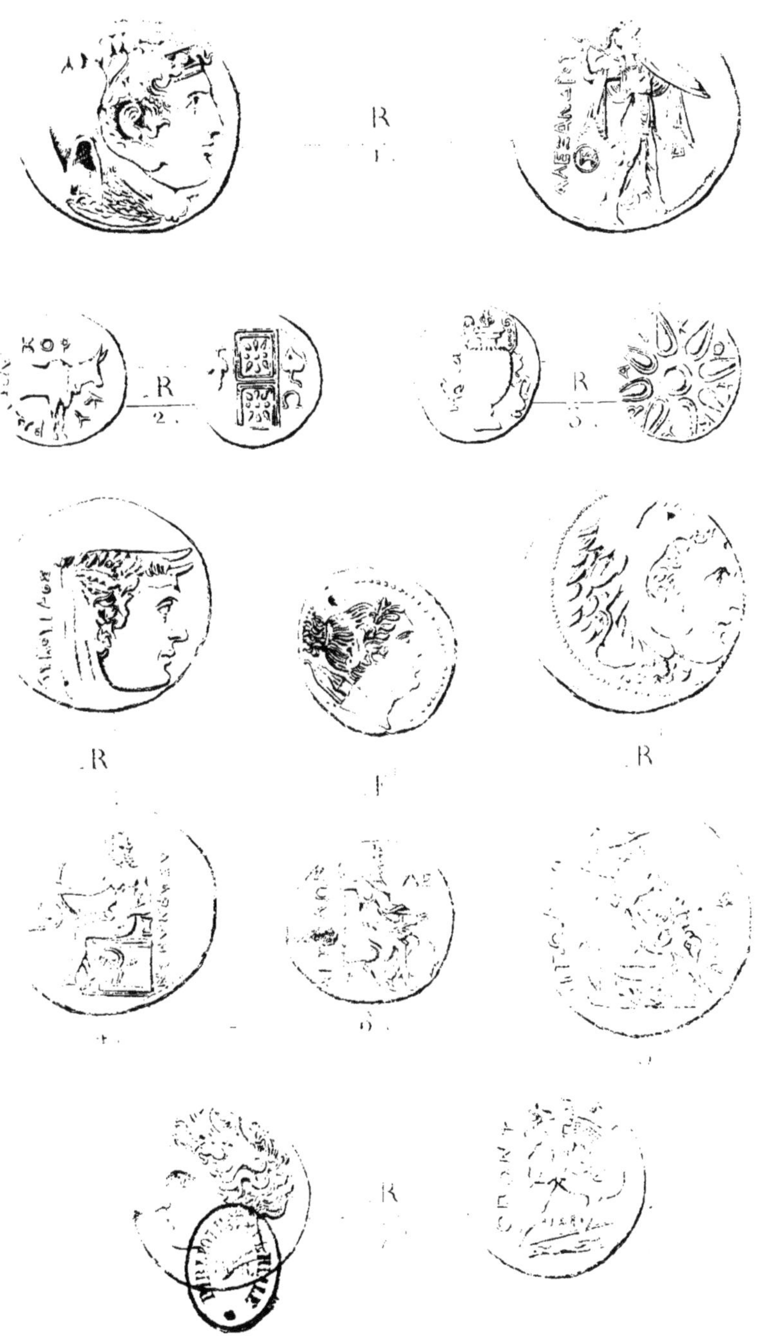

GRAECIA

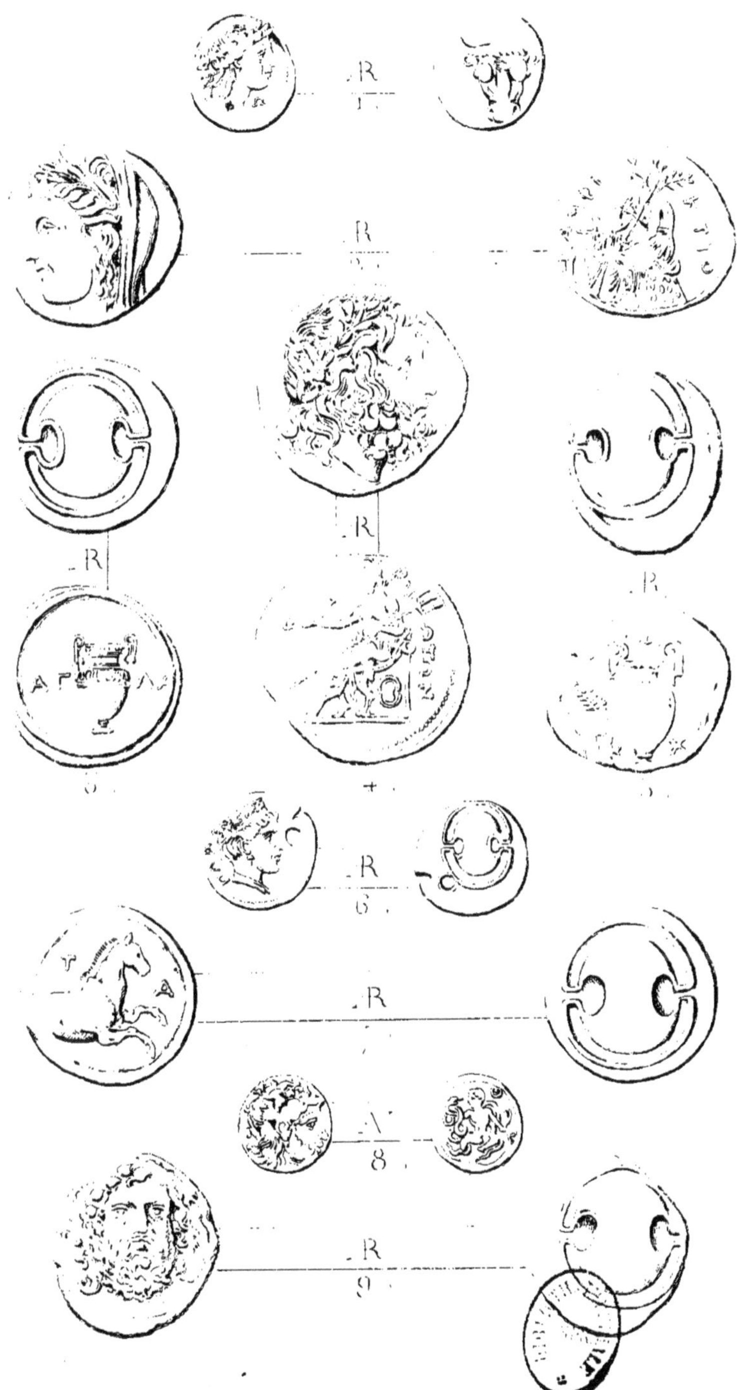

GRAECIA

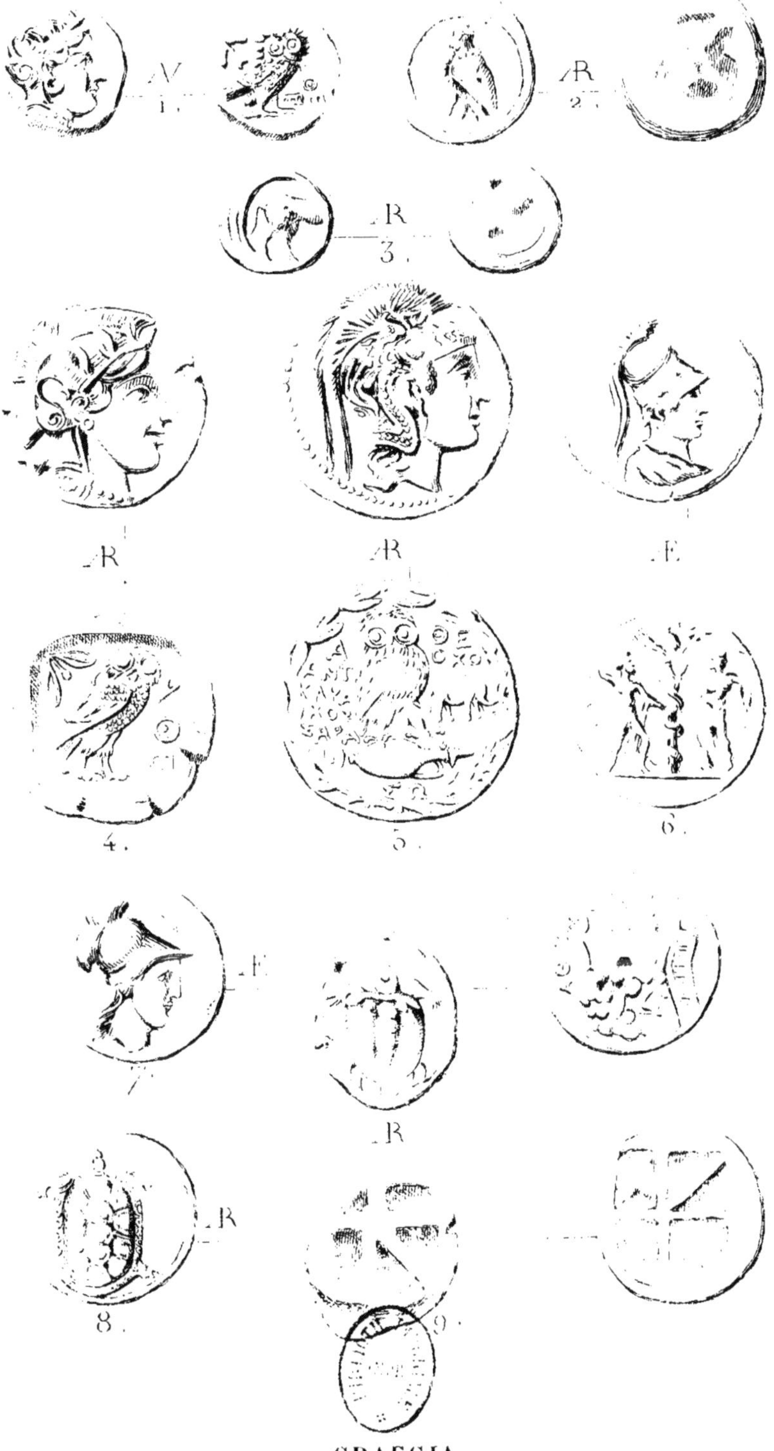

GRAECIA

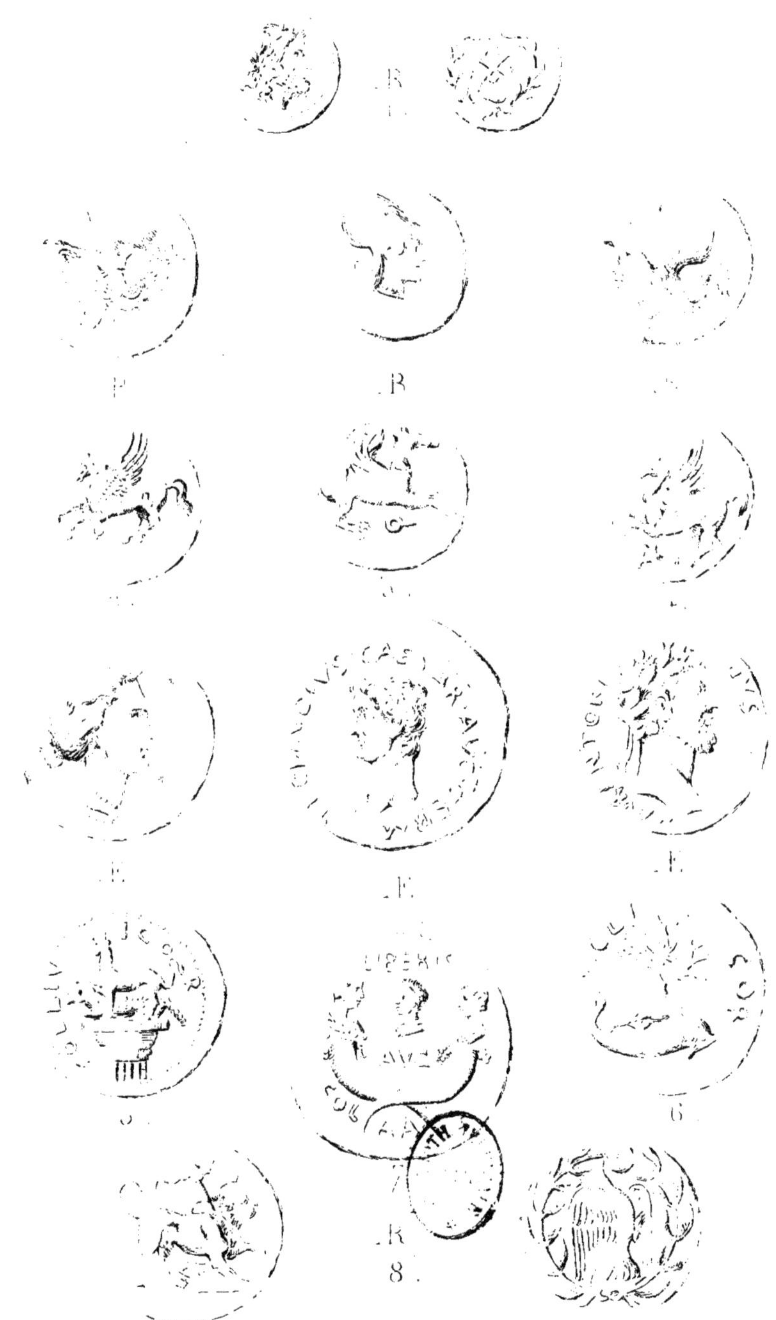

GRAECIA

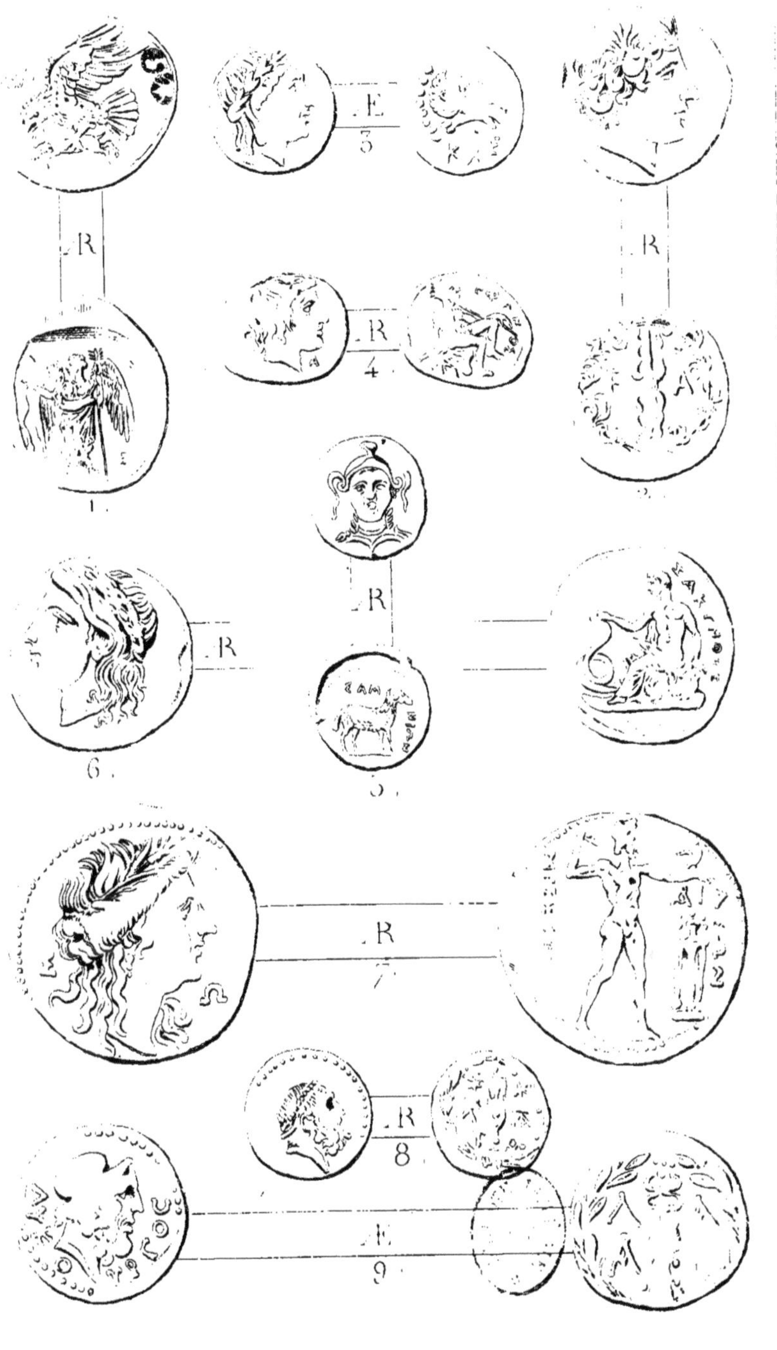

ASIA MINOR

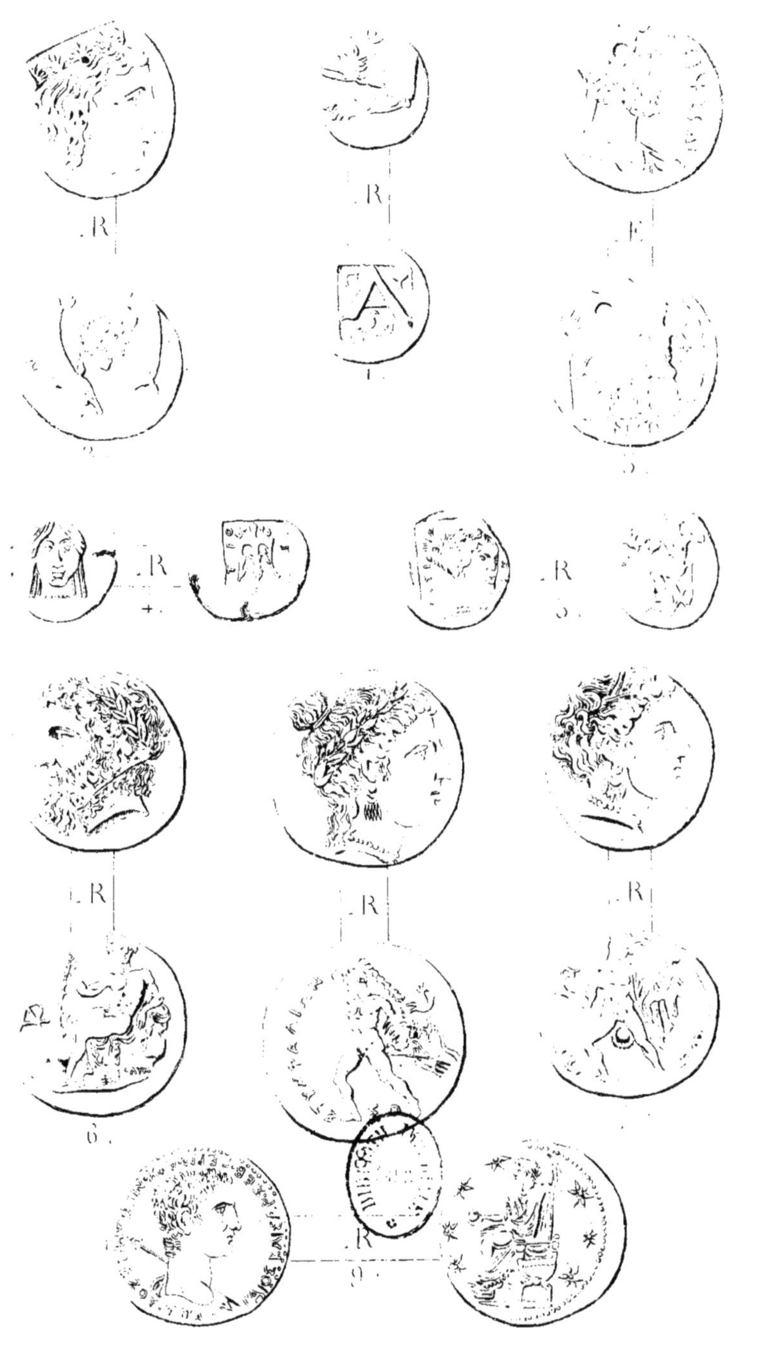

ASIA MINOR

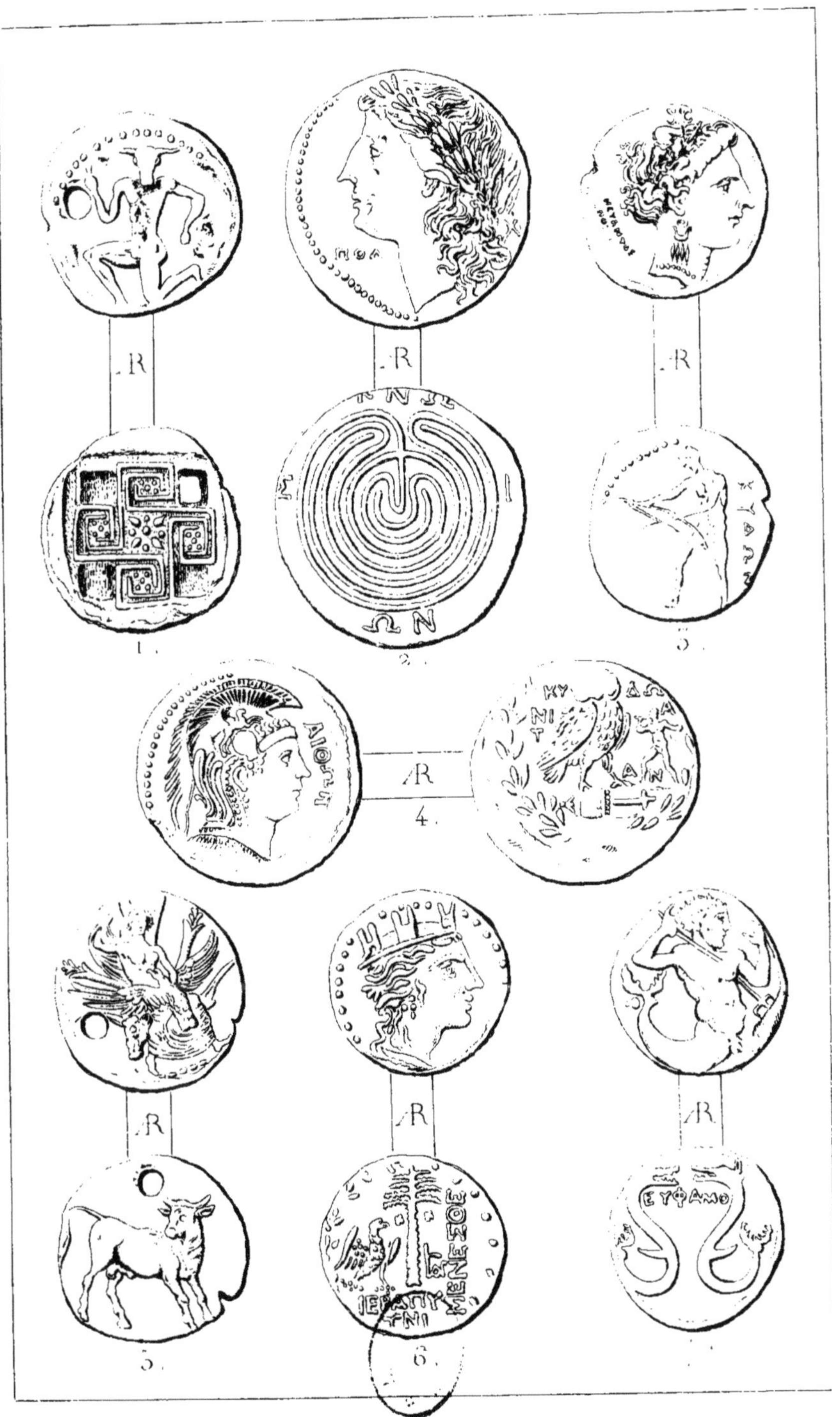

GRAECIA

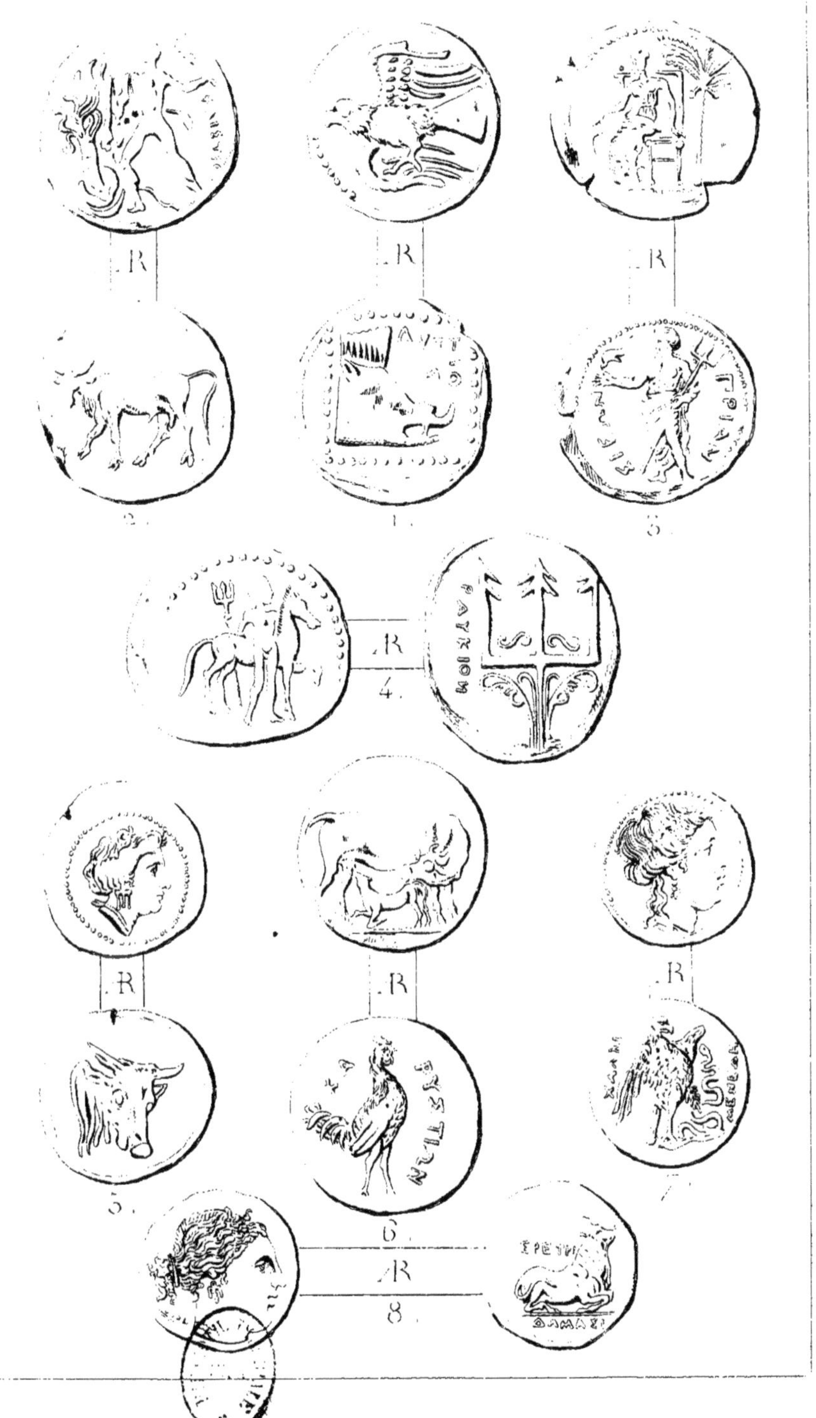

GRAECIA

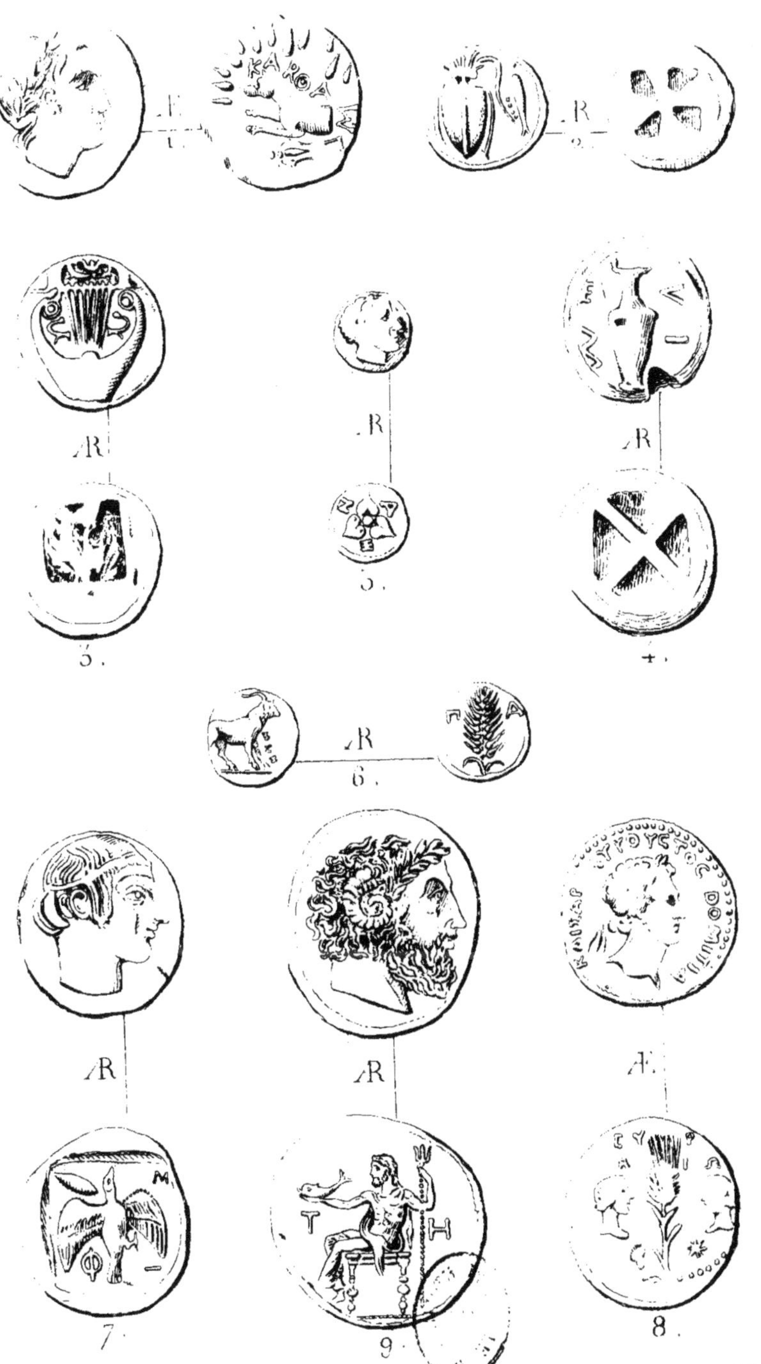

GRAECIA

ASIA MINOR

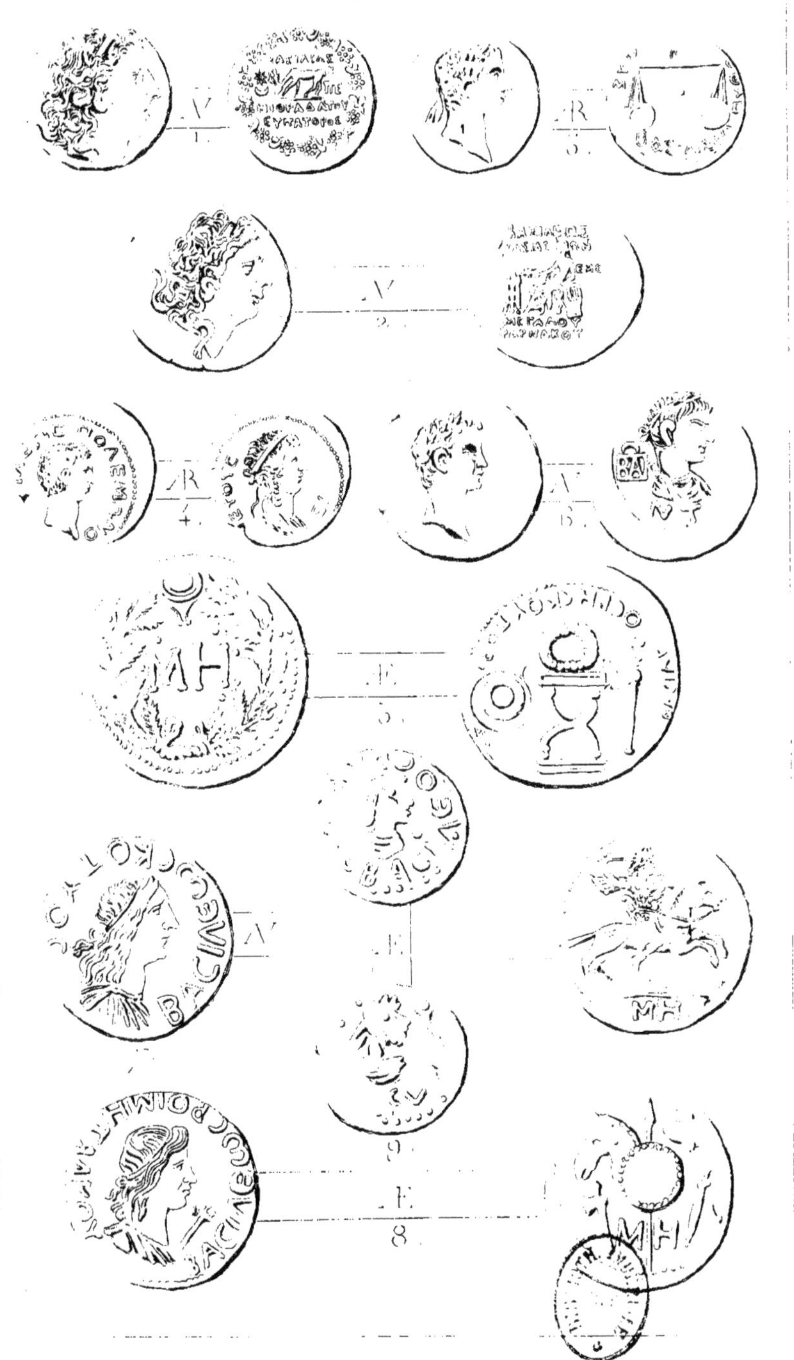

ASIA MINOR

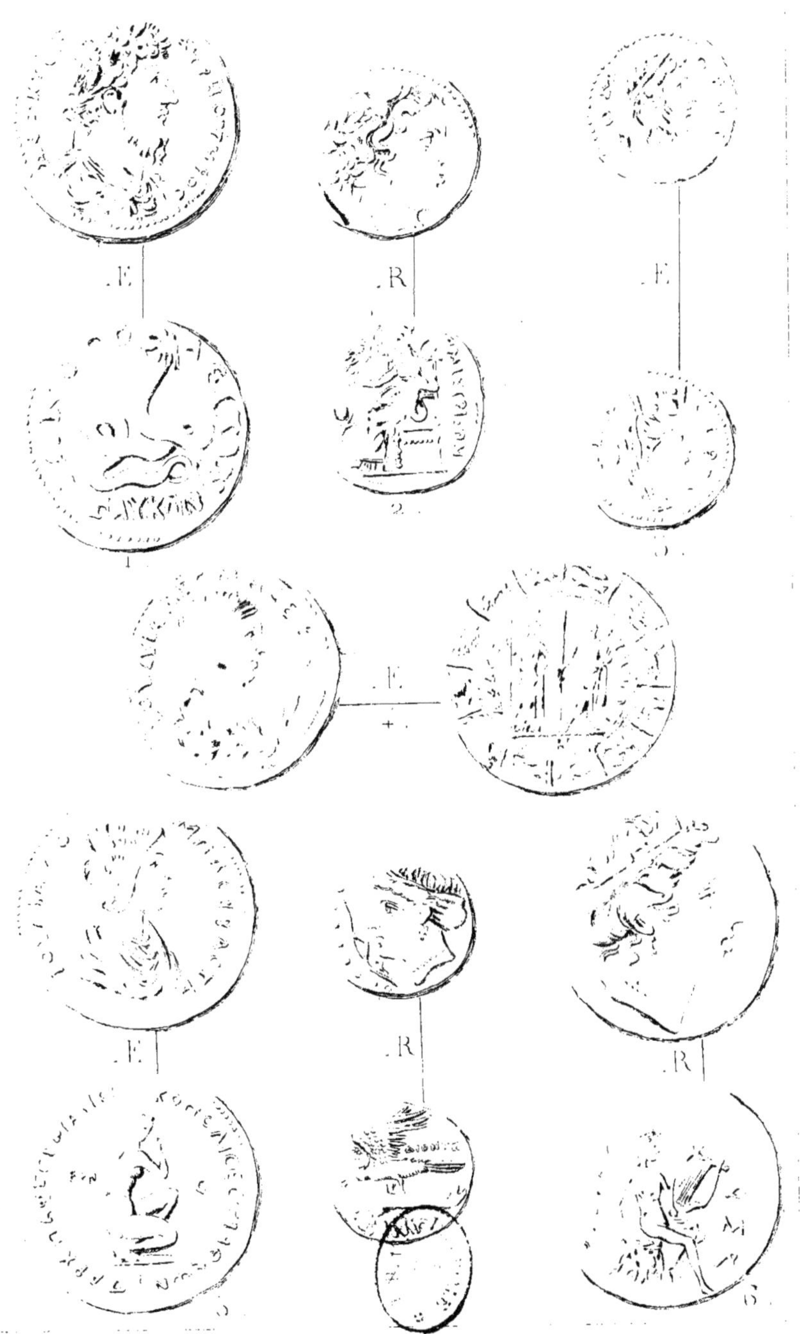

ASIA MINOR

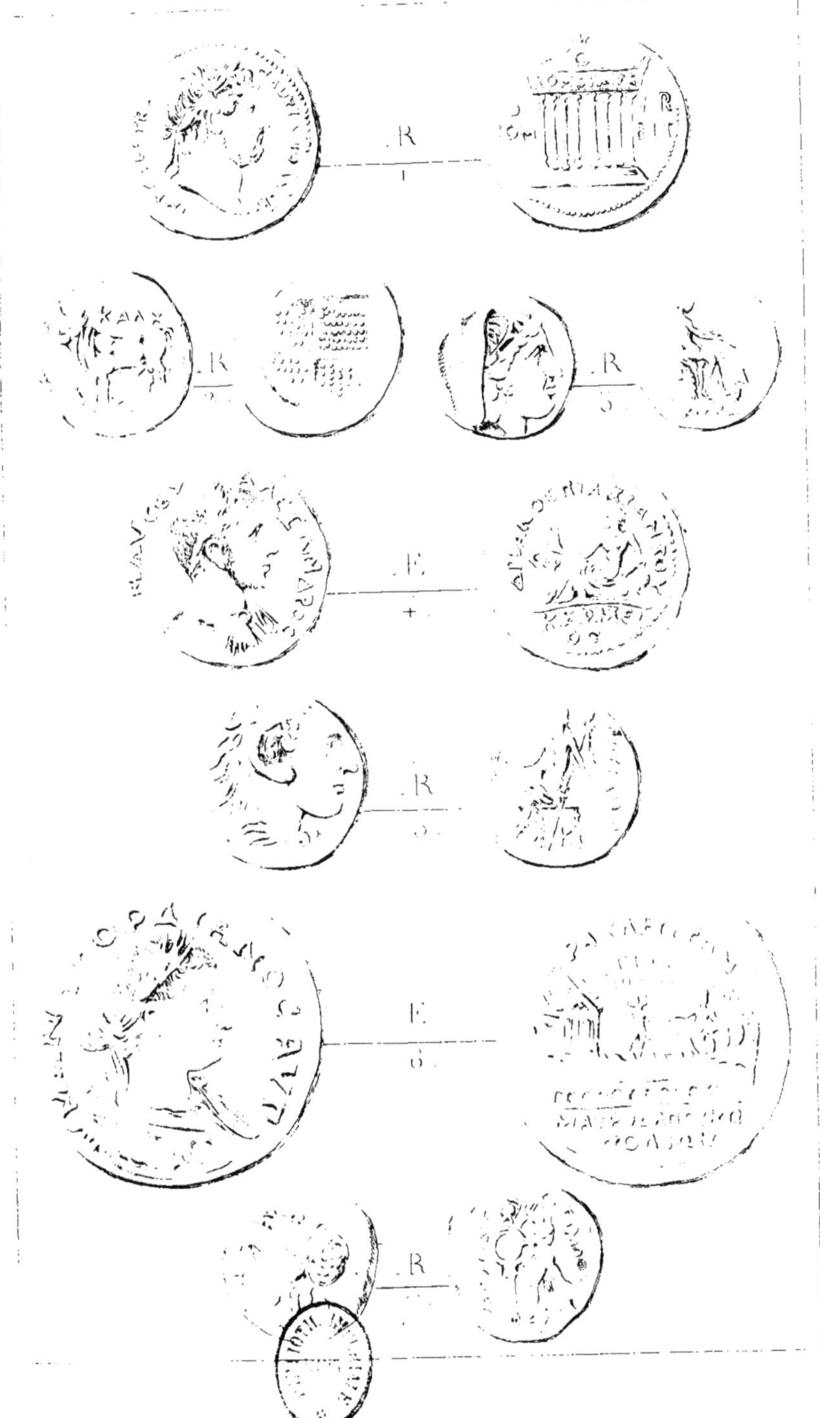

ASIA MINOR

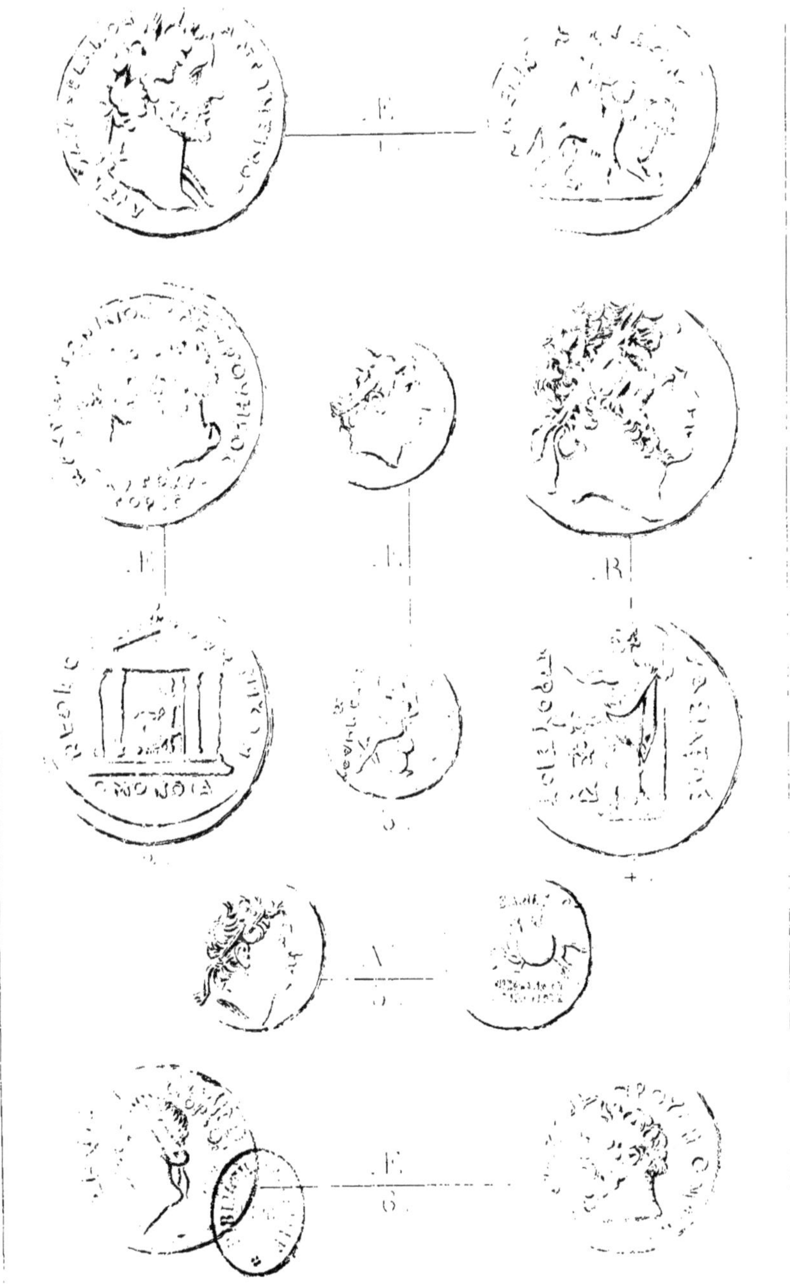

ASIA MINOR

ΑR
ÆE
ÆE
1.
2.
3.
ΑΤΑΡ
ΡΥΝΔΑΚΟΣ
AV
4.
AV
5.
AV
6.
AV
7.
ΑR
9.
8.
ÆE
ΚΥΖΙΚΗΝΩΝ
ΝΕΟΚΟΡ.

ASIA MINOR

Æ
1.
AV
2.
AR
3.
ΠΑΡΙΑΝΩΝ
AR
4
Æ
5.
ΠΑΡΙΑ
AR
6.
ΦΙΛΕΤΑΙΡΟΥ
AR
ΦΙΛΕΤΑΙΡΟΥ

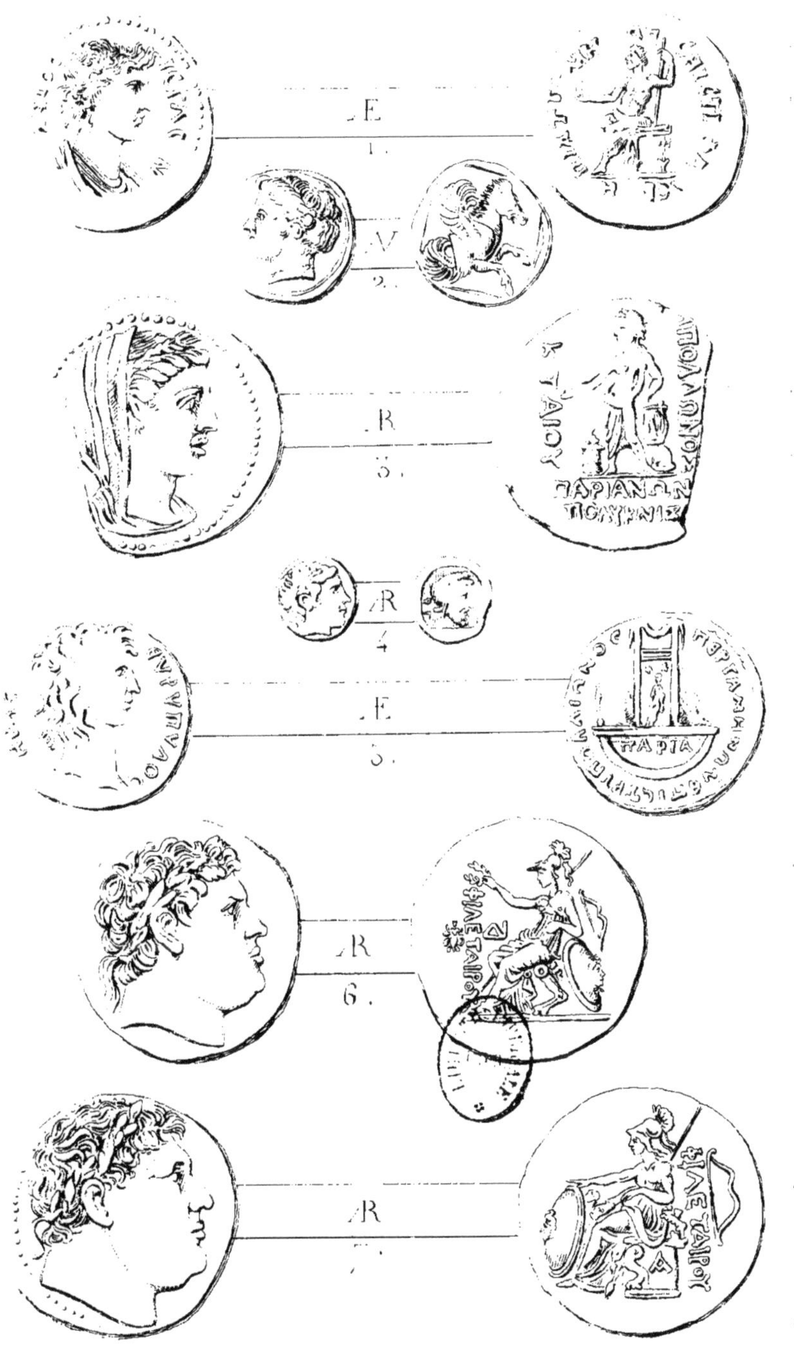

ASIA MINOR

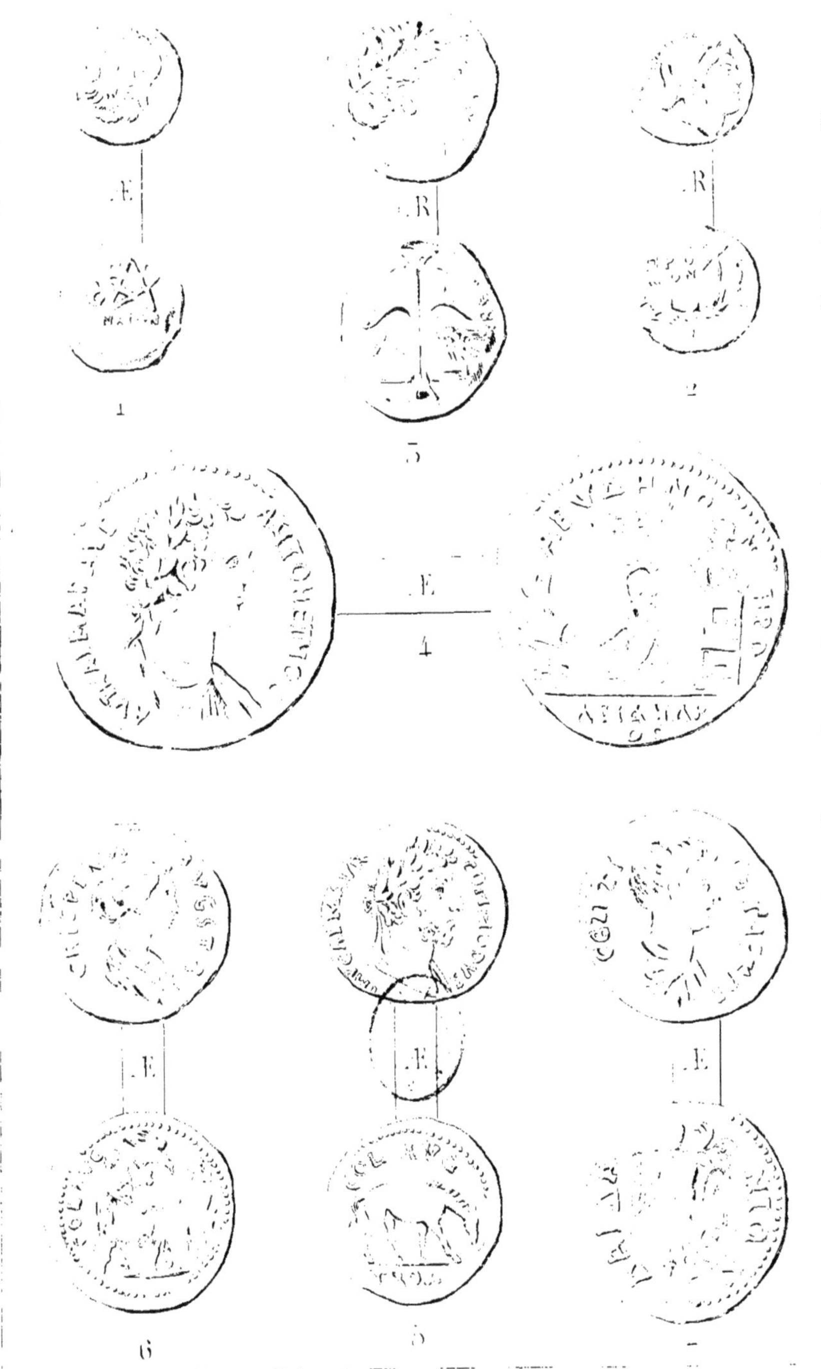

ASIA MINOR

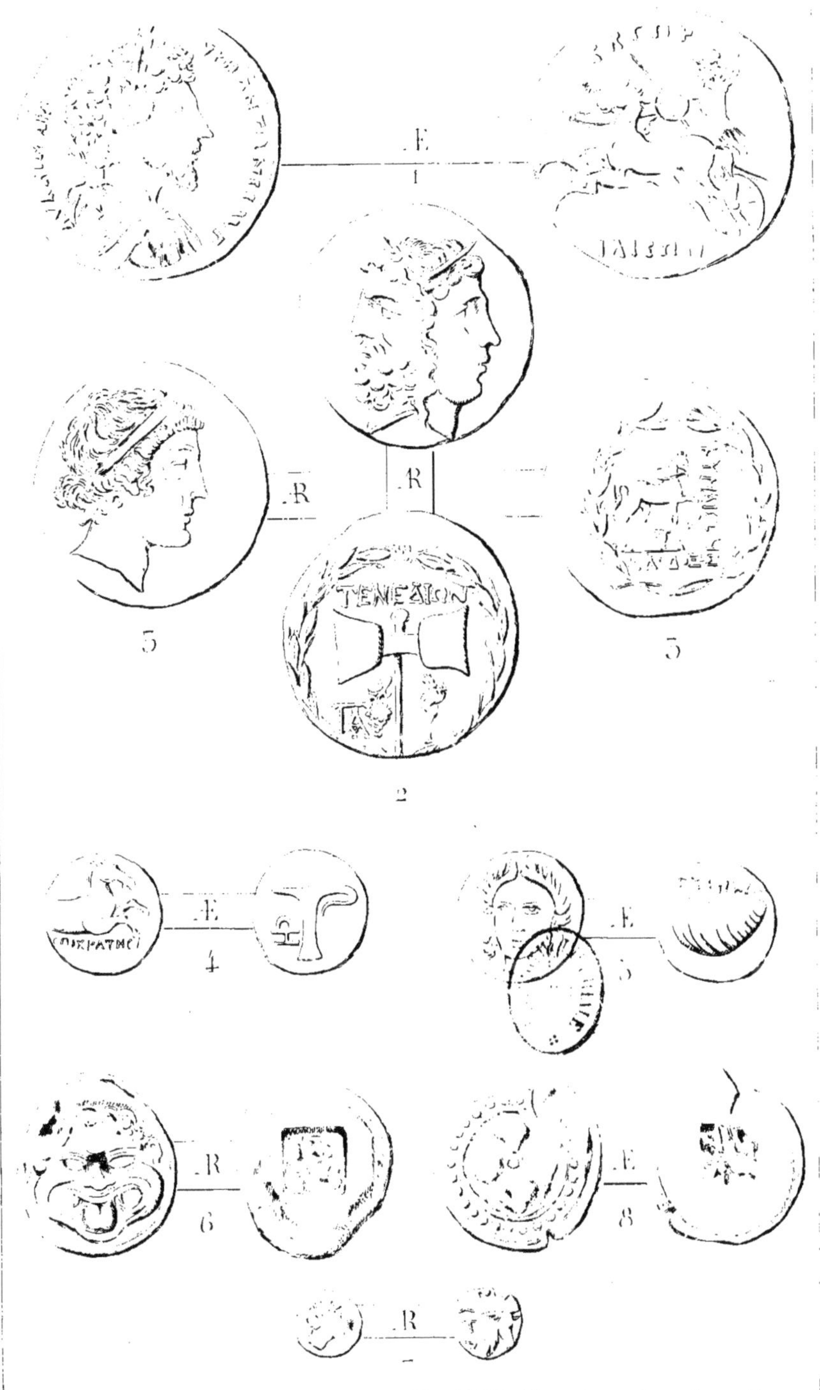

ASIA MINOR

ASIA MINOR

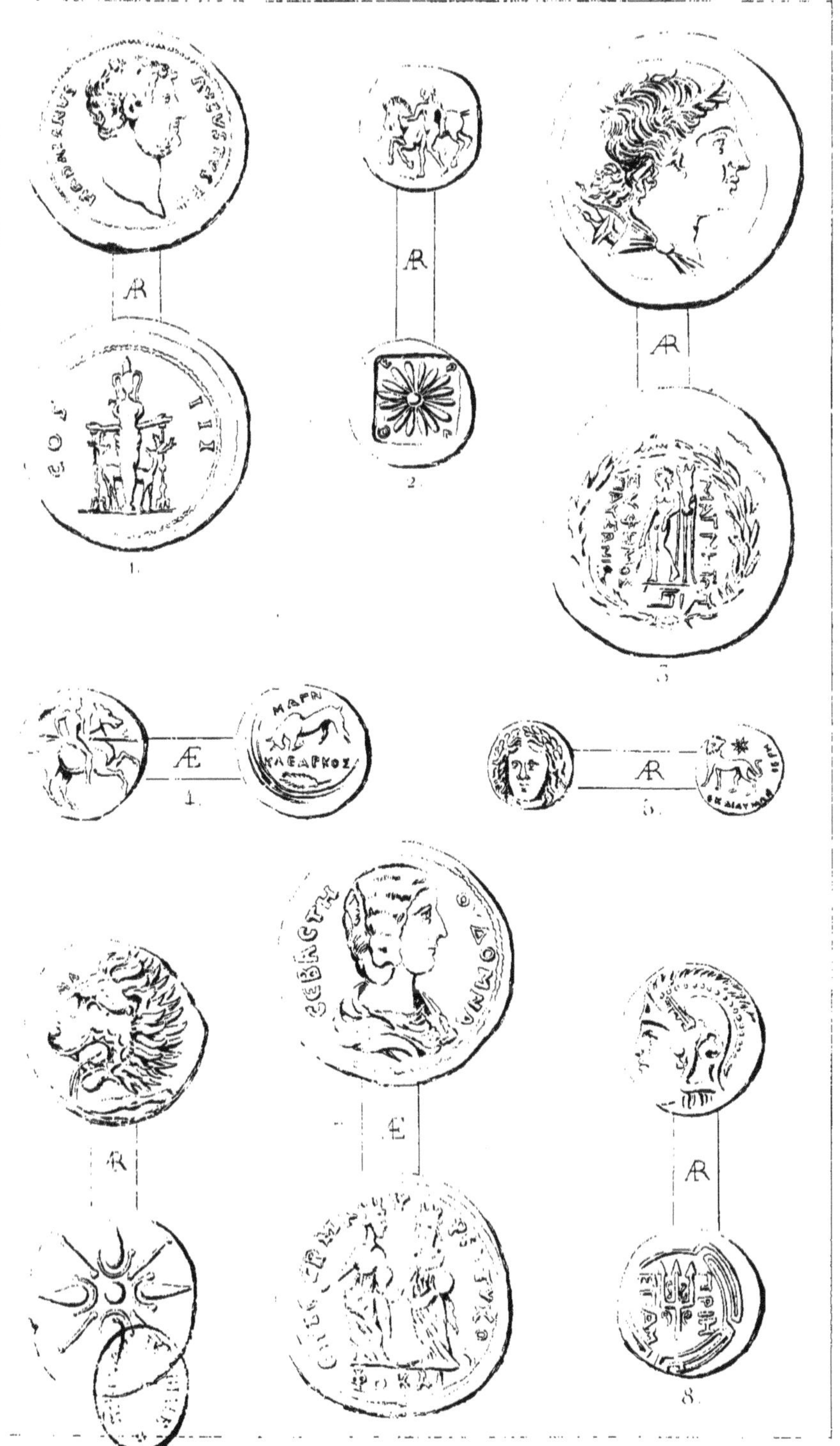

ASIA MINOR

ASIA MINOR

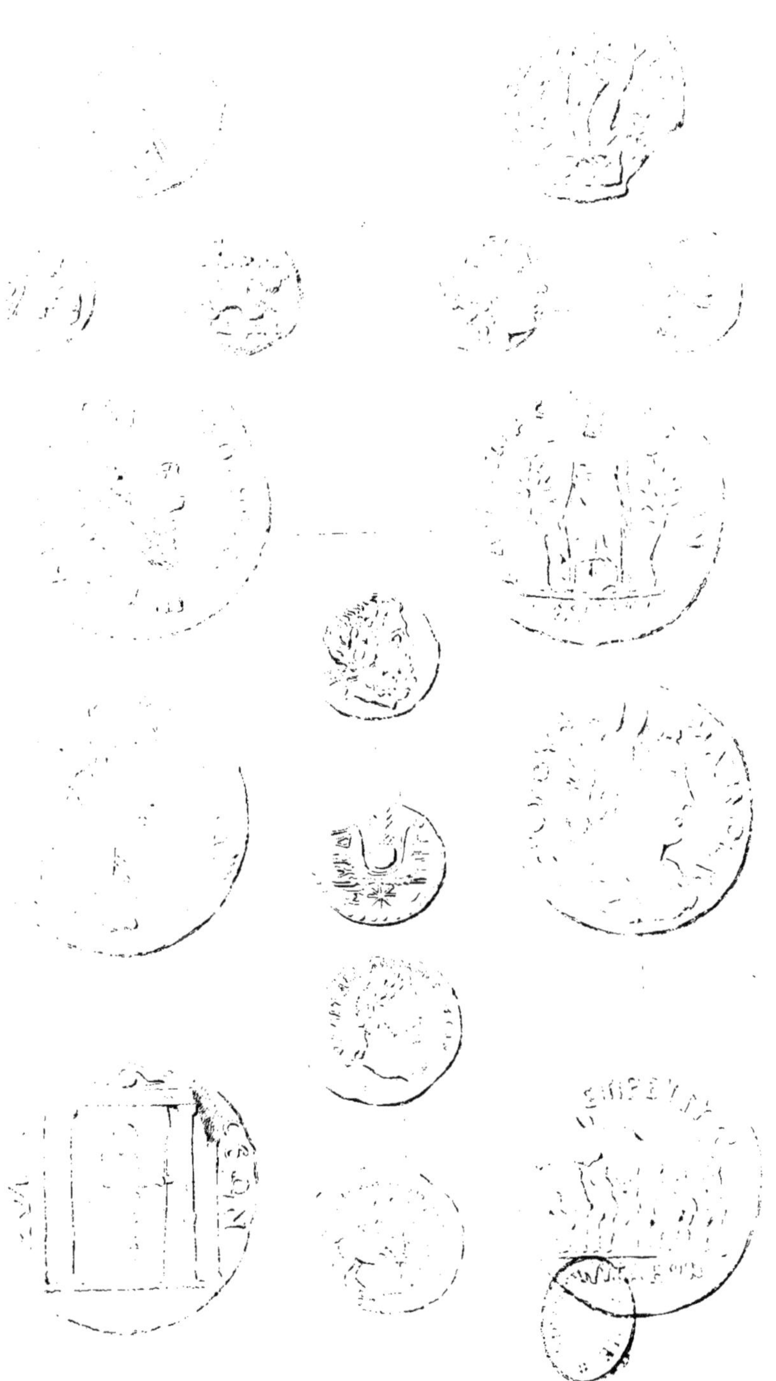

ASIA MINOR

ASIA MINOR

ASIA MINOR

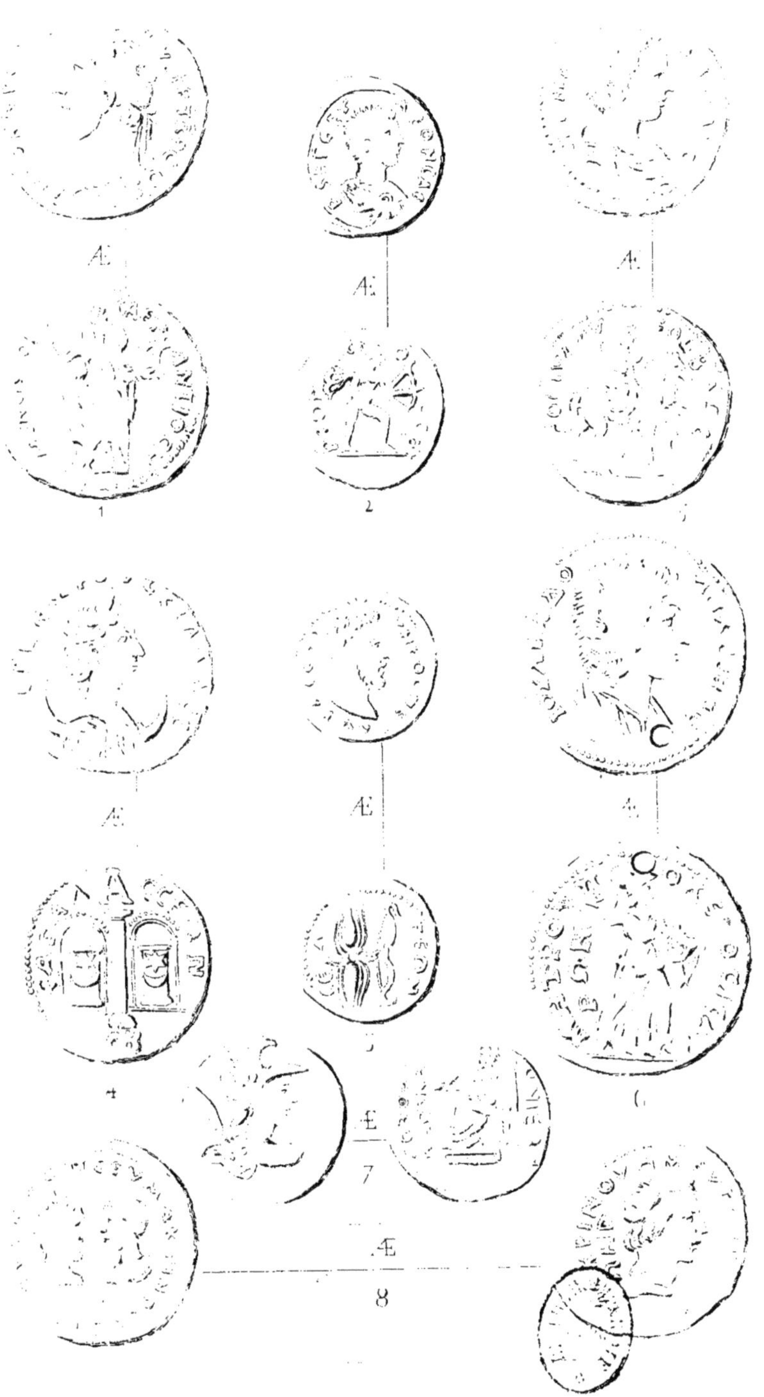

ASIA MINOR

ASIA MINOR

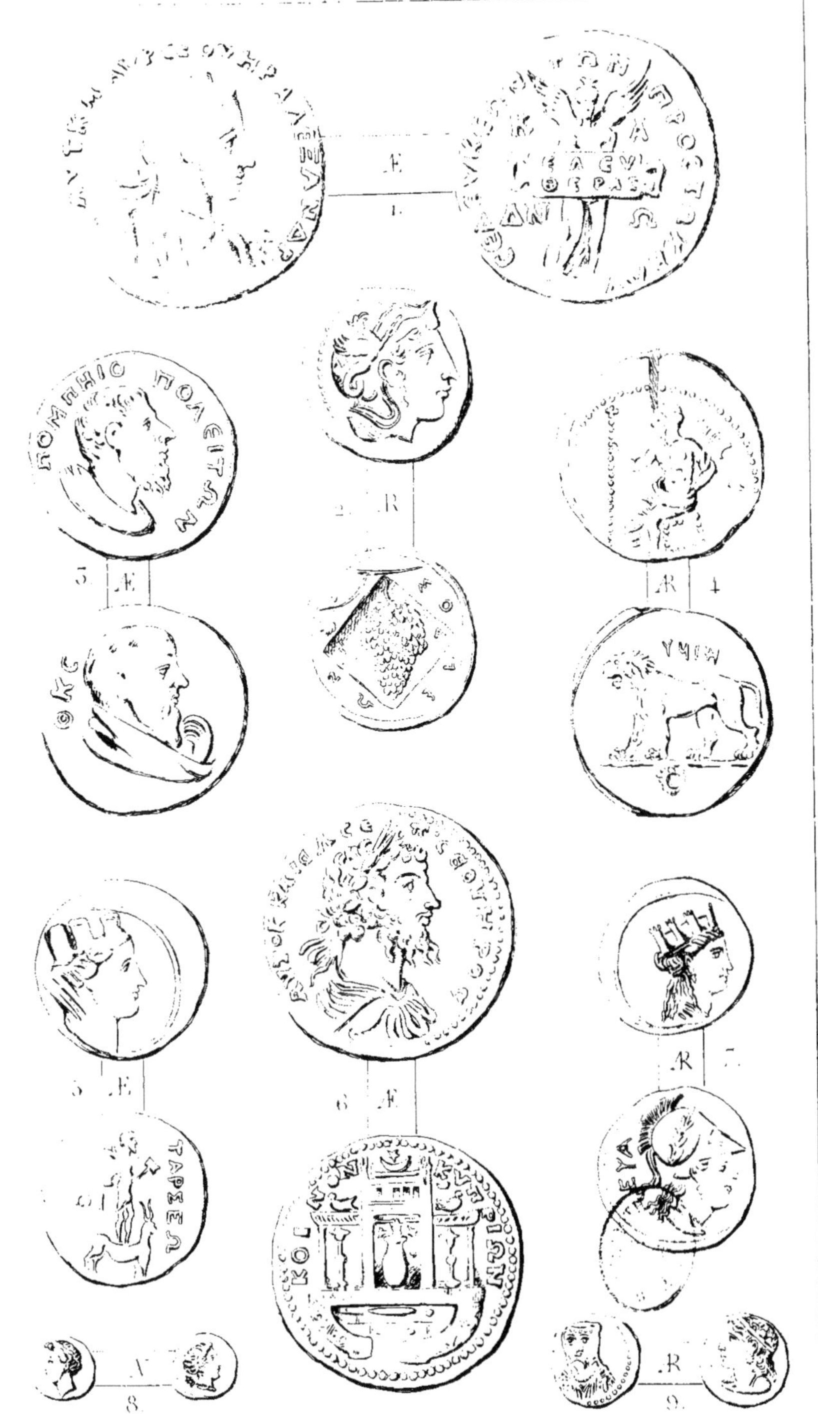

ASIA MINOR

ASIA MINOR

ASIA MINOR

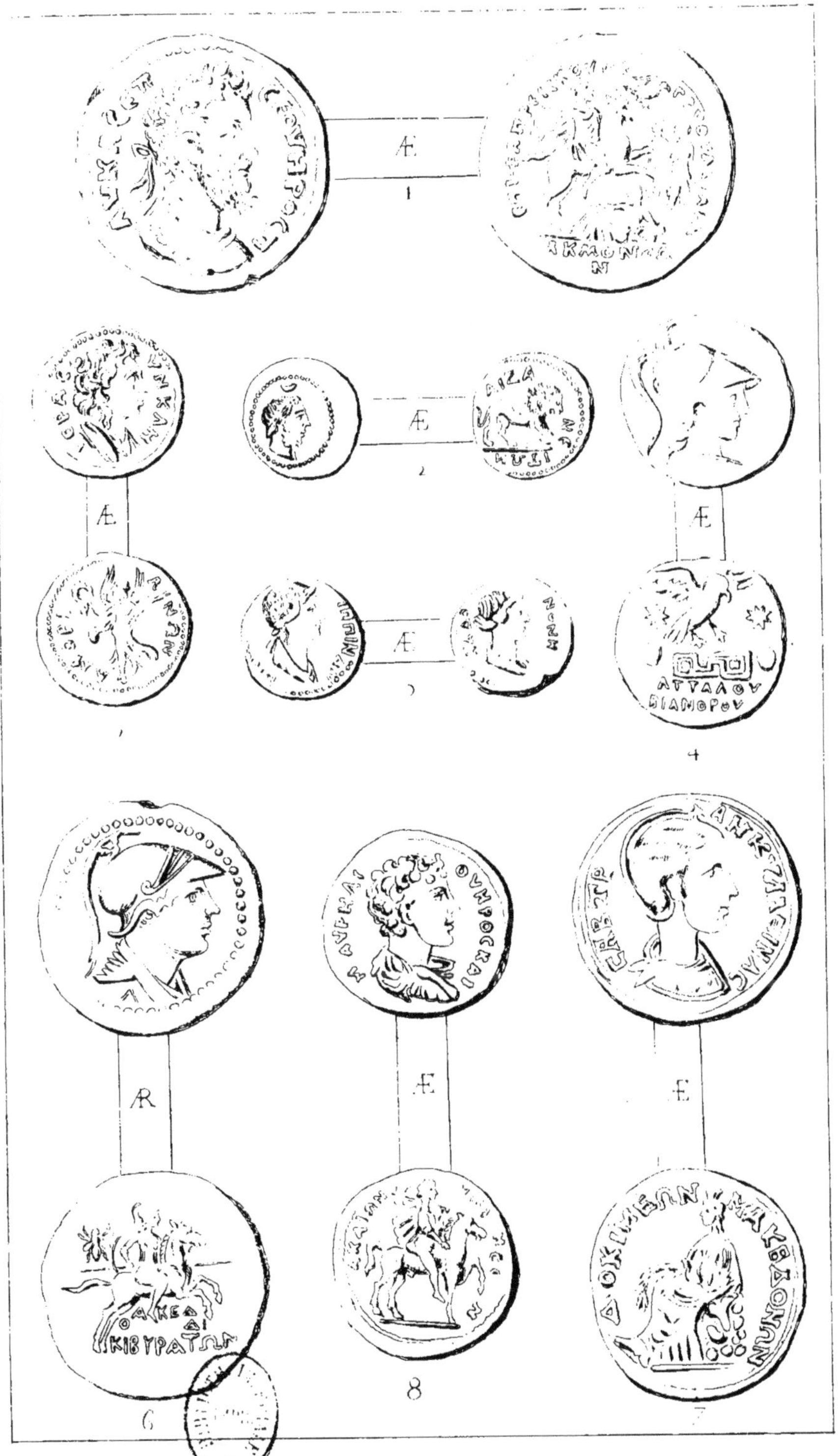

ASIA MINOR

ASIA MINOR

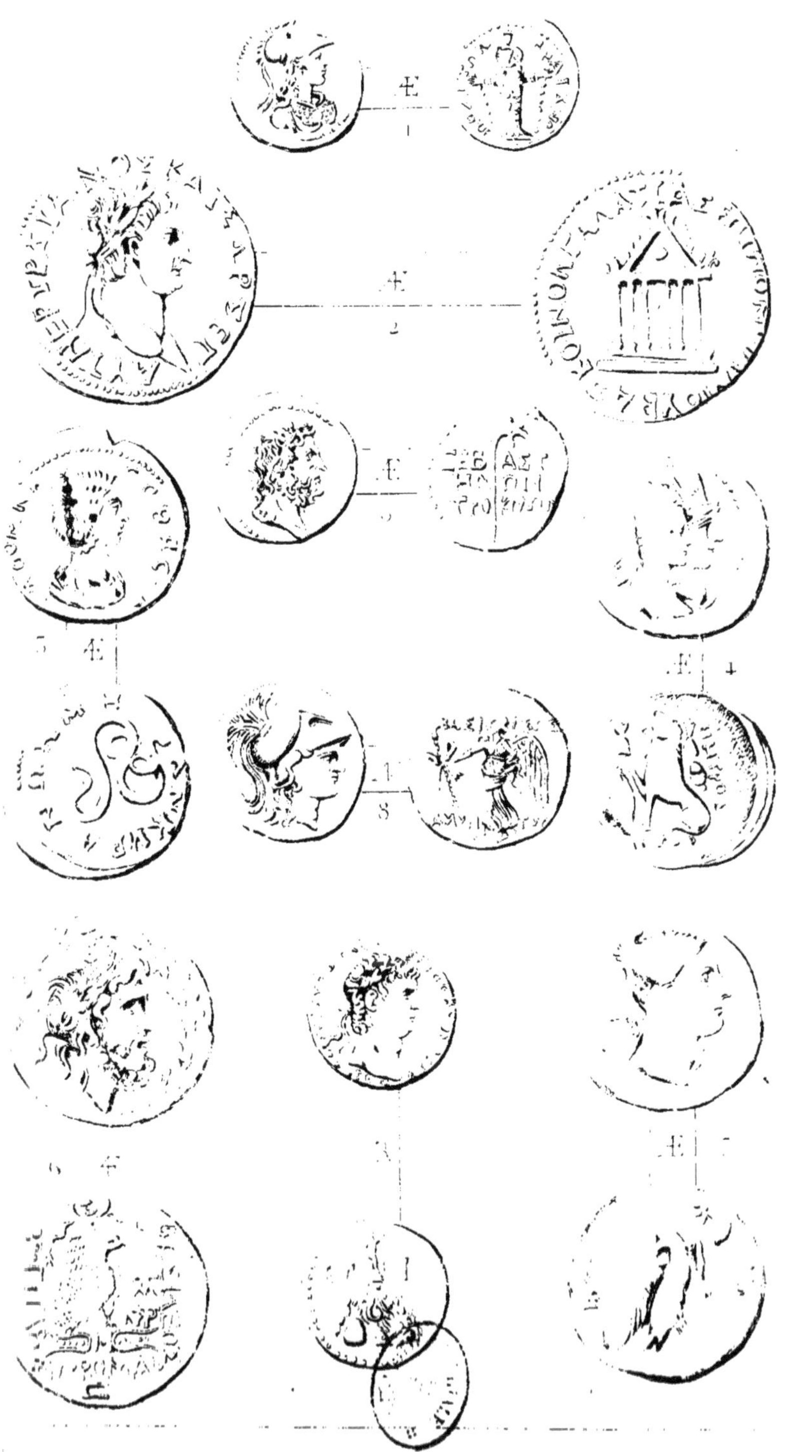

ASIA MINOR

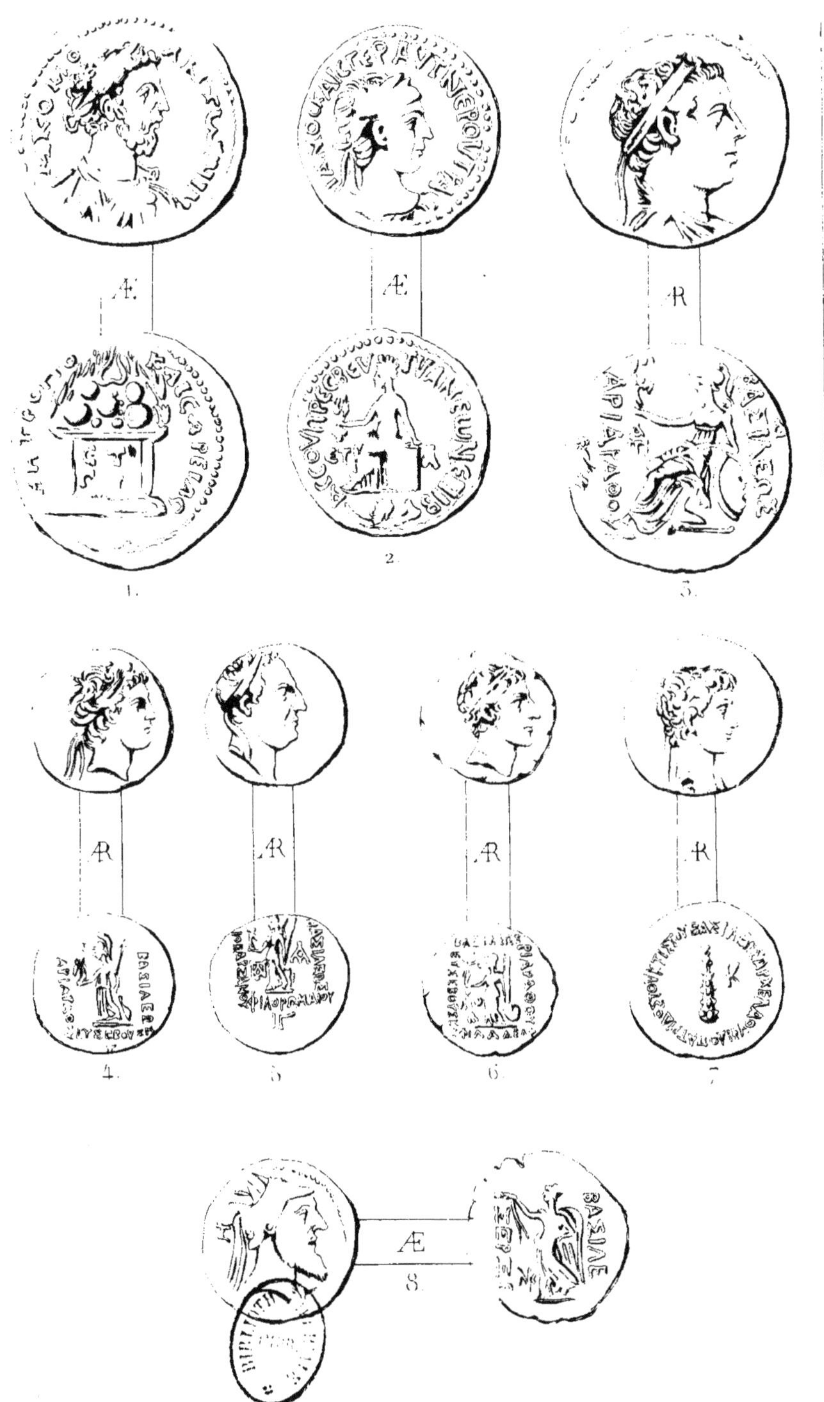

ASIA MINOR

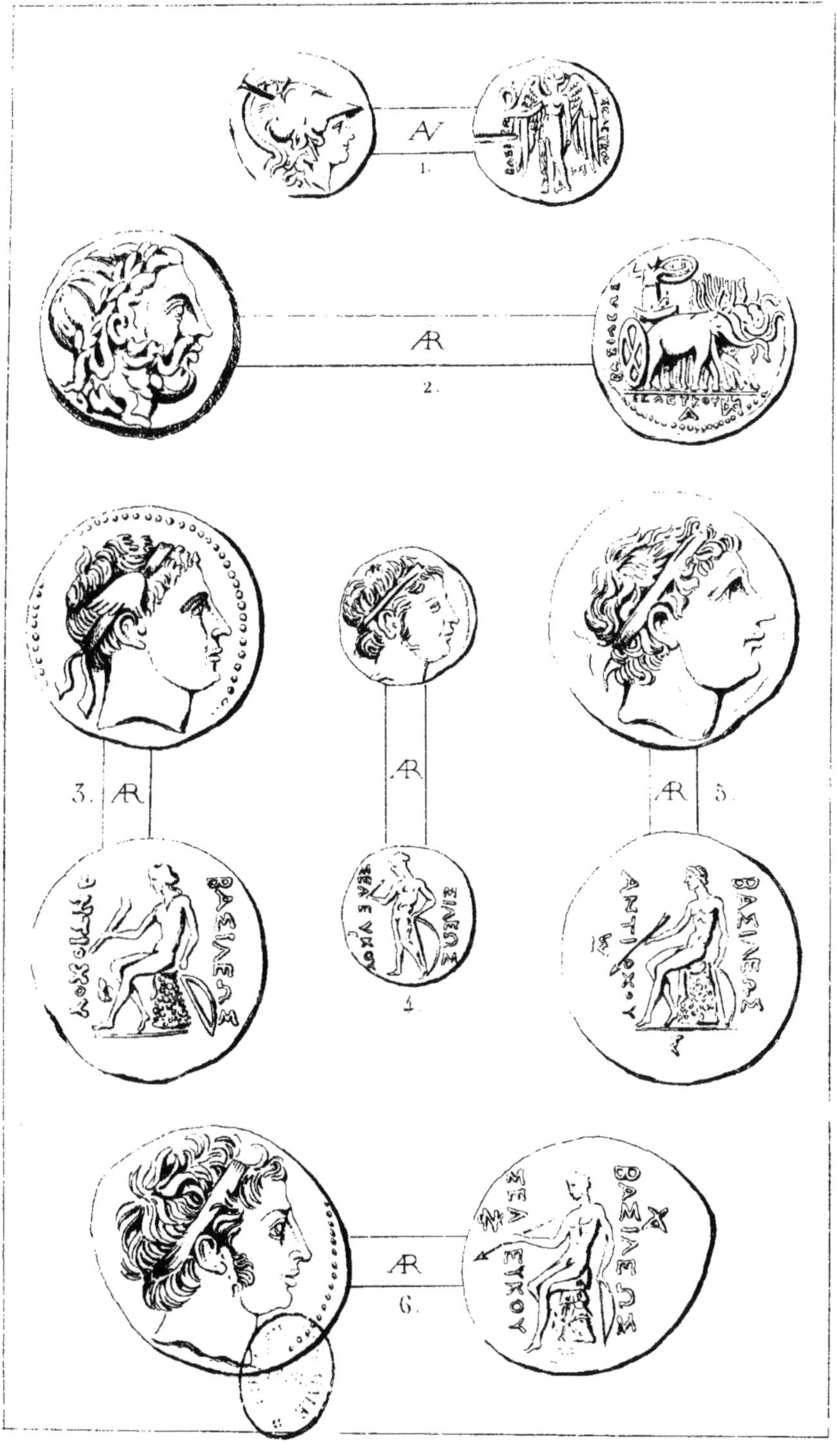

REGIONES

ad Orientem maris Mediterranei

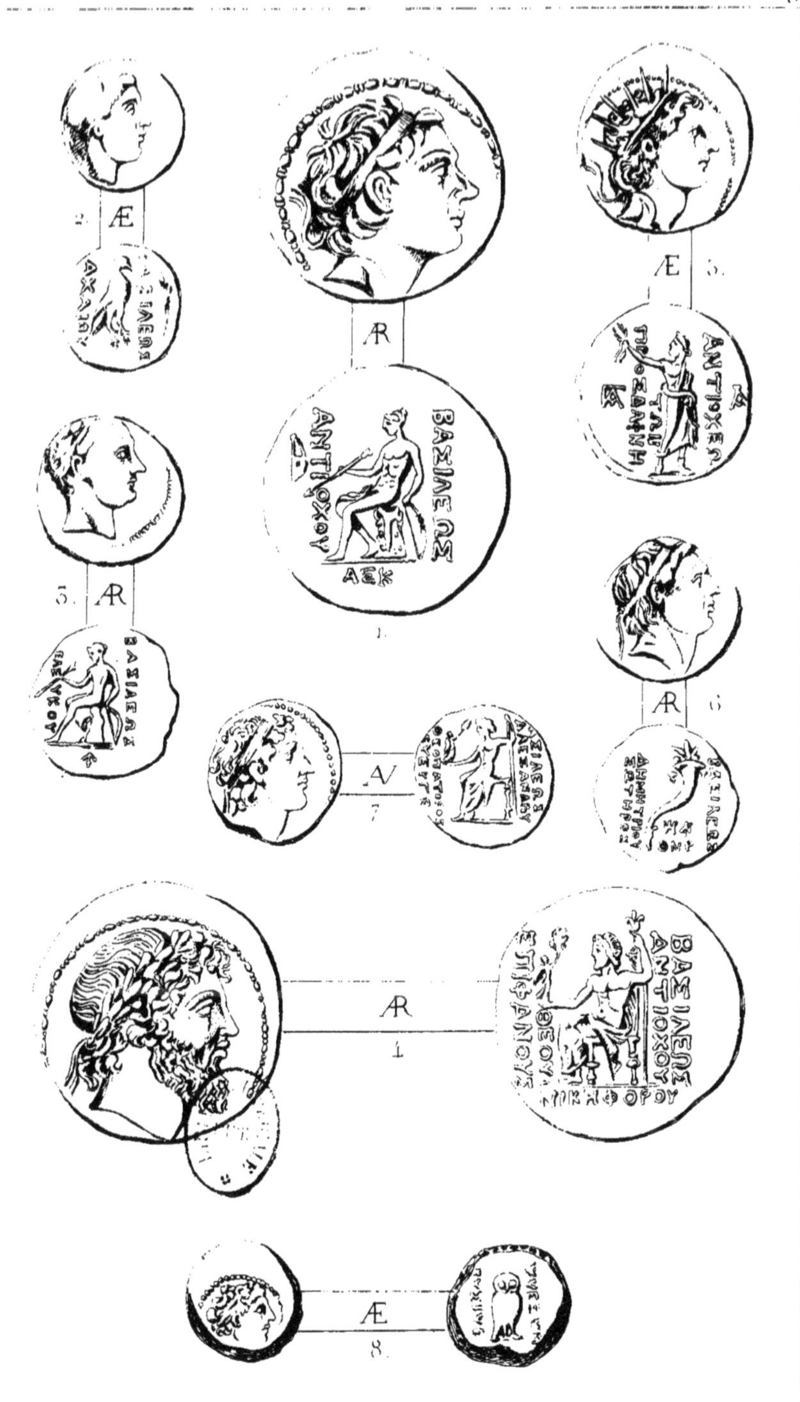

REGIONES

ad Orientem maris Mediterranei

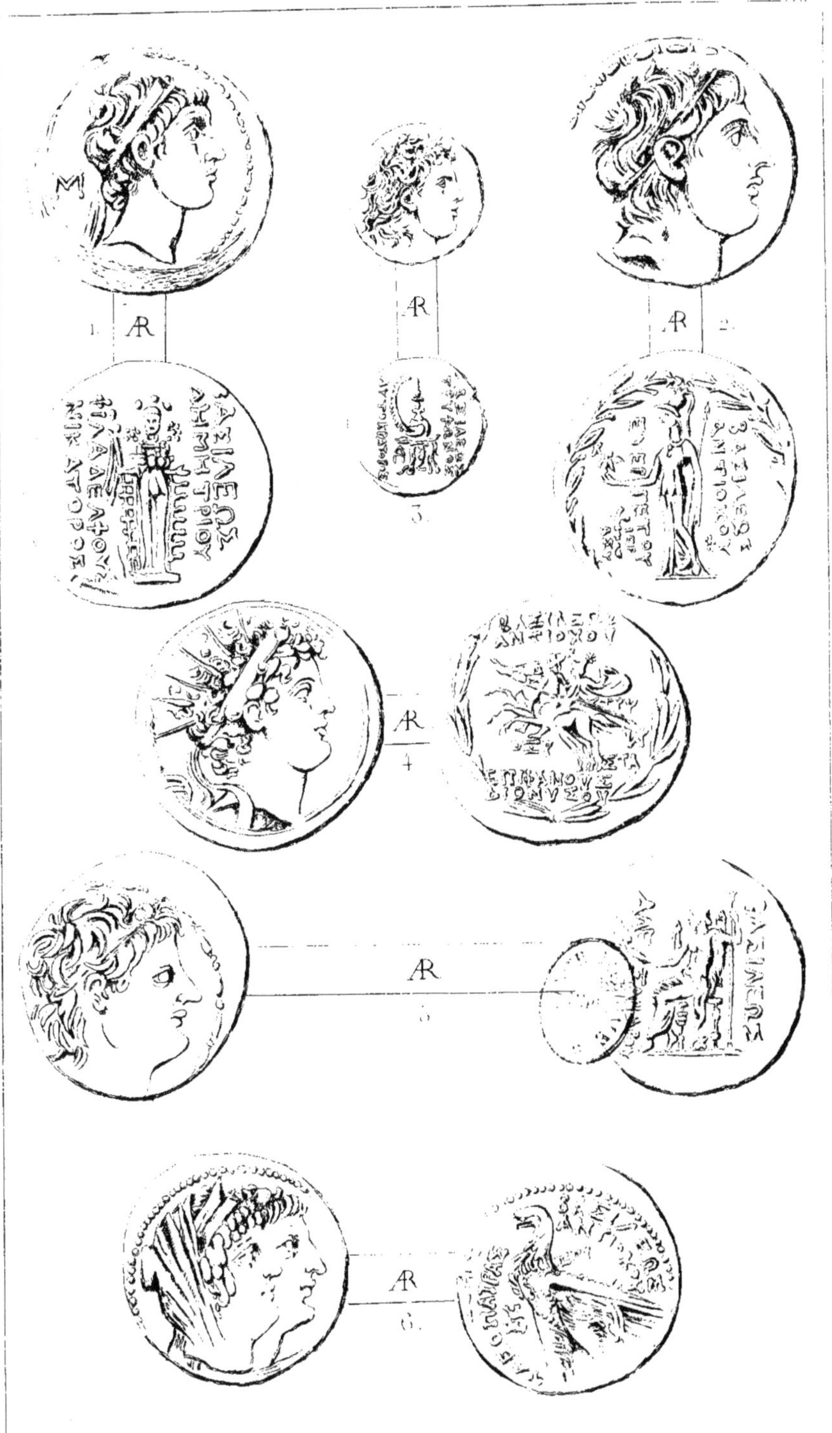

REGIONES

ad Orientem maris Mediterranei

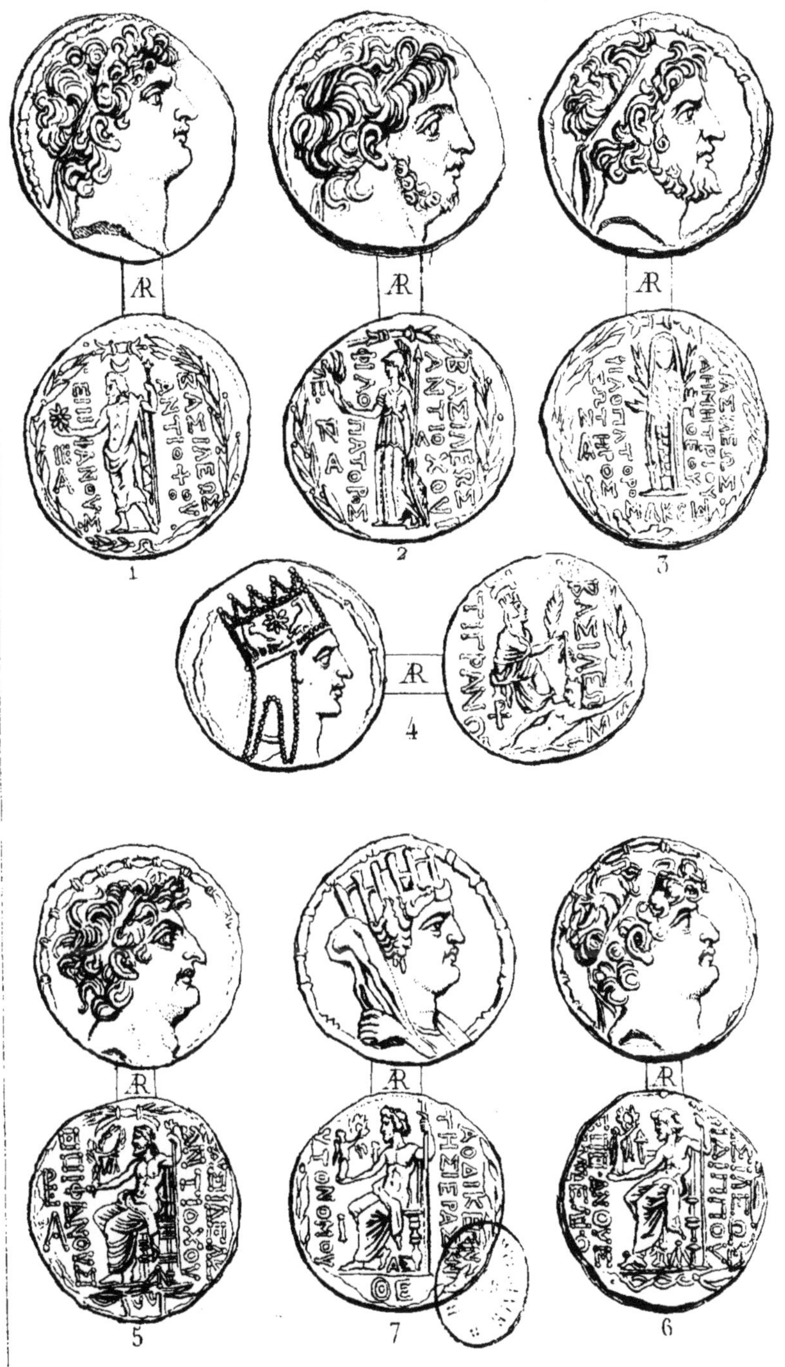

REGIONES

ad Orientem maris Mediterranei

ΒΑΣΙΛΙΣΣΑ ΓΛΑΦΥΡΑ ΦΙΛΑΔΕΛΦΟΣ
Æ
1
Æ
2
ΑΔΡΙΑΝΟΣ ΑΥΤ ΚΑΙ ΤΡΑΙΑΝΟΣ
Æ
ΦΛ ΚΑΛ
ΚΙΔΕΩΝ
ΚΕ
3
Æ
CA
6
Æ
5
ÆR
ΣΕΛΕΥΚΕΩ
ΤΗΣ ΙΕΡΑΣ
ΚΑΙ
ΑΥΤΟΝΟΜΟΥ
4
Æ
7

ASIA

ΗΡΑΚΛΗϹ
ΦΙΛ ΟΝ
ΚΟΙ ϹΥΡ
ΑΥΤ Κ ΑΙ Μ ΑΥΡ ΗΑΝΤΩΝΕΙΝ
Æ
1
ÆR
2
ΑΝΤΩΝΙΝΟϹ ϹΕΒ ΕΥϹΕ ΑΥΤΟΚ ΚΑΙϹΑΡ
ΦΛ ΝΕΑϹΠΟΛΕΩϹ ϹΥΡΙΚ ΠΑΛΑΙϹ ΤΙΝΗϹ
Æ
3
IMP CAE M AVR SEV ALEXANDER
ÆR
AV
Æ
5
6
4

ASIA

Æ
IMP C C IVL VE MAXIMINVS
NIN
CLAV
1
2
3
ΒΑΣΙΛΕΩΣ
ΜΕΓΑΛΟΥ
ΤΙΜΑΡΧΟΥ
AR
4
5
6
7

ASIA

ΒΑΣΙΛΕΩΣ ΜΕΓΑΛΟΥ
ΕΥΚΡΑΤΙΔΟΥ
Æ
3
ΒΑΣΙΛΕΩΣ ΣΩΤΗΡΟΣ
ΜΕΝΑΝΔΡΟΥ
Æ
5
Æ
6
Æ
1
ΒΑΣΙΛΕΩΣ
ΕΥΘΥΔΗΜΟΥ
Æ
2
Æ
4
ΒΑΣΙΛΕΩΣ
ΗΛΙΟΚΛΕΟΥΣ
ΔΙΚΑΙΟΥ
Æ
7
BIL
8

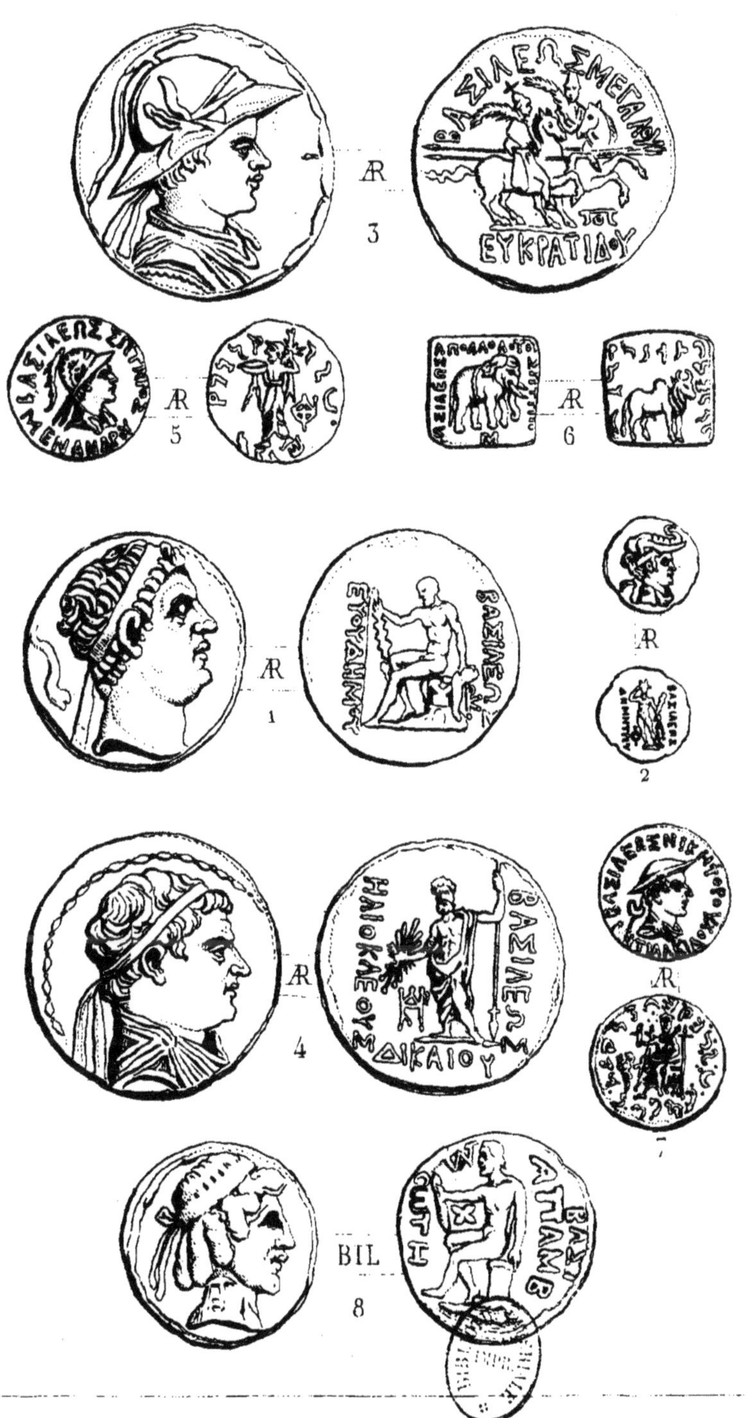

ASIA

1
2
3 Æ
4 AR
N 5
6 N
8 AR
N 7
ΘΕΩΝ
ΑΔΕΛΦΩΝ
ΒΑΣΙΛΕΩΣ
ΠΤΟΛΕΜΑΙΟΥ
ΑΡΣΙΝΟΗΣ
ΦΙΛΑΔΕΛΦΟΥ
ΒΕΡΕΝΙΚΗΣ
ΒΑΣΙΛΙΣΣΗΣ

AFRICA

AFRICA

ΛΟΛΛΙΟΥ
ΒΑΣΙΛΕΩΣ
ΑΙΒΥΛ
DIVI F
CAESAR
IVIN·GALLVS
PRO·PR
1
2
3
4
5
6
7
8

AFRICA

AFRICA

Æ
AR
Æ
1
2
3
AR
Æ
Æ
IMP. CAESAR
DIVI F
4
5
6
REX IVBA
REX IVBA
REX PTOLEMAEV
AR
AR
Æ
CAES AREA
7
8
9

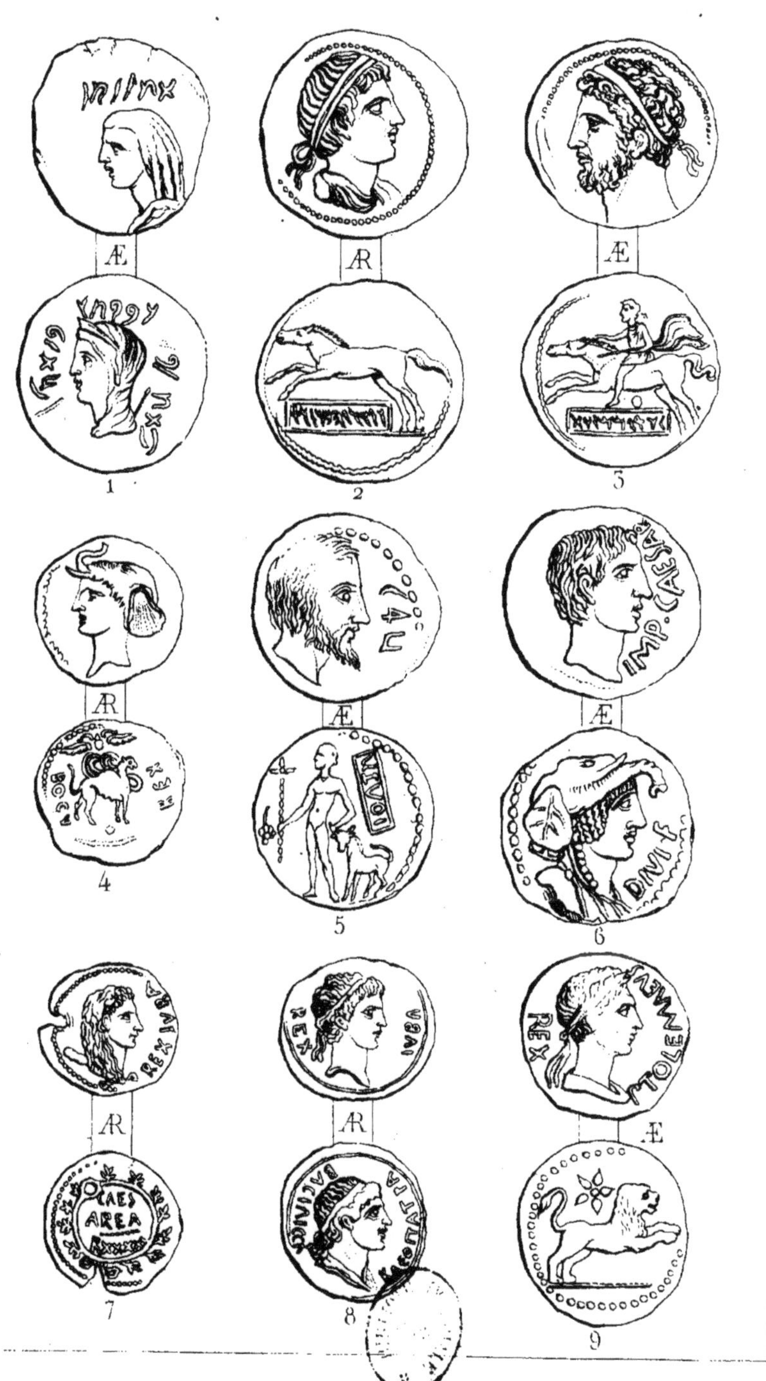

AFRICA

www.ingramcontent.com/pod-product-compliance
Ingram Content Group UK Ltd.
Pitfield, Milton Keynes, MK11 3LW, UK
UKHW021151260726
13994UKWH00001B/386